Mit

Evernote

Selbstorganisation und
Informationsmanagement optimieren

Herbert Hertramph

Mit

Evernote

Selbstorganisation und
Informationsmanagement optimieren

mitp

Bibliografische Information der Deutschen Nationalbibliothek
Die Deutsche Nationalbibliothek verzeichnet diese Publikation in der Deutschen Nationalbibliografie; detaillierte bibliografische Daten sind im Internet über <http://dnb.d-nb.de> abrufbar.

Bei der Herstellung des Werkes haben wir uns zukunftsbewusst für umweltverträgliche und wiederverwertbare Materialien entschieden. Der Inhalt ist auf elementar chlorfreiem Papier gedruckt.

ISBN 978-3-8266-927-1
1. Auflage 2012

E-Mail: kundenbetreuung@hjr-verlag.de

Telefon: +49 6221/489-555
Telefax: +49 6221/489-410
www.mitp.de

Lektorat: Miriam Robels
Sprachkorrektorat: Frauke Wilkens
Satz: III-satz, Husby, www.drei-satz.de
Druck: Kessler Druck + Medien, Bobingen
Covergestaltung: Christian Kalkert

Inhaltsverzeichnis

Kapitel 3: Ordnen und Sortieren 59

Kapitel 4: Teilen und Zusammenarbeiten 79

Kapitel 5: Suchen und finden 93

Kapitel 6: Mobil und flexibel 111

Kapitel 7: Apps und Erweiterungen 129

Warum Evernote begeistert

Vielleicht darf ich ein paar Worte zu meiner persönlichen Geschichte mit Evernote an den Anfang stellen?

Meine Arbeit an einer Universität erfordert den täglichen Umgang mit sehr vielfältigen und sehr unterschiedlichen Informationen: Forschungsarbeiten, Materialien für die Lehre, Teilnehmerlisten, Rechercheunterlagen, Sitzungsprotokolle usw. Daher habe ich die letzten zehn Jahre sehr viele Programme ausprobiert, die mir helfen sollten, all diese Informationen zu sichten, zu sortieren und zu archivieren. Von der einfachsten Textdatei über Onlinedienste bis hin zu komplexen Datenbanken war alles dabei und wurde jeweils eine bestimmte Zeit genutzt, bis ich unzufrieden war. Mal fand ich doch nicht das Gesuchte, mal musste ich mit mehreren Programmen gleichzeitig arbeiten, mal war die Pflege der gespeicherten Notizen so zeitaufwendig, dass der Einsatz nicht sinnvoll war.

Kein Wunder, dass ich bei meiner Suche nach einem besseren Archivierungswerkzeug schon sehr früh – etwa um das Jahr 2006 herum – auf die erste Betaversion von Evernote stieß. Aber es war nicht Liebe auf den ersten Blick, der Testlauf überzeugte mich nicht. Evernote sah etwas »überladen« aus, die Funktionen waren auf die damaligen Geräte abgestimmt – Scanner und erste Stift-Tablets mit dem Windows-Betriebssystem. Ja sicher, alles »nett«, aber die Arbeitserleichterung für meine persönlichen Bedürfnisse war zu gering.

Einige Jahre habe ich mich dann nicht mehr um Evernote gekümmert, bis durch den Kauf eines Smartphones und eines Tablets die Frage aktuell wurde, welche Software oder welcher Onlinedienst die besten Möglichkeiten bot, um die Informationen auf allen Geräten auf dem gleichen Stand zu halten. Da Evernote für fast alle Betriebssysteme und mobile Geräte – in meinem Fall ging es um Windows-Rechner, ein iPhone und ein iPad – Varianten seiner Software zur Verfügung stellt, unternahm ich einen neuen Test mit der aktuellen und inzwischen ausgereiften Version.

Zunächst hatte ich vorwiegend an die berufliche Verwendung gedacht, um meine Unterlagen zu ordnen und immer dabeizuhaben. Schon bald stellte sich heraus, dass mit der bloßen Archivierung und Sortierung das Potenzial von Evernote bei Weitem nicht ausgeschöpft war, ja, dass es auf Schritt und Tritt auch im privaten Bereich Einsatzmöglichkeiten gab: Herumliegende Broschüren und Flyer? Sie verschwanden aus meinem Wohnzimmer und landeten als digitale Kopie in Evernote. Konzertankündigungen auf einem Plakat beim Bäcker? Ein Schnappschuss und Evernote bewahrte den Termin für mich auf. Die Öffnungszeiten der Reinigung? Evernote erkannte sie auf dem Kassenbon und ersparte mir manch vergeblichen Weg. Viele persönlich erlebte Beispiele werden sich auf den nächsten Seiten finden.

Vor allem aber erkannte ich, dass die Entwickler von Evernote ein durchdachtes Konzept für den Alltag umgesetzt hatten. Es ging nicht darum, möglichst »bunt« und mit tausend »Knöpfen« und Funktionen zu beeindrucken. Immer steht die Frage im Vordergrund: Ist die Funktion für den Alltag des Anwenders wirklich brauchbar und kann er sie umgehend nutzen?

All diese Erfahrungen führten schließlich dazu, dass ich einen kleinen Weblog mit Evernote-Tipps (*http://notieren.de*) ins Leben rief, um mich mit anderen Anwendern auszutauschen. Die Resonanz war überwältigend: In unzähligen Bereichen wurde Evernote eingesetzt, aber auch langjährige Nutzer waren nur mit einem kleinen Teil der Möglichkeiten des Programms vertraut. Immer öfter kam die Anfrage, ob ich nicht einmal ein Buch zu Evernote schreiben könnte – nun, dies ist hiermit geschehen …

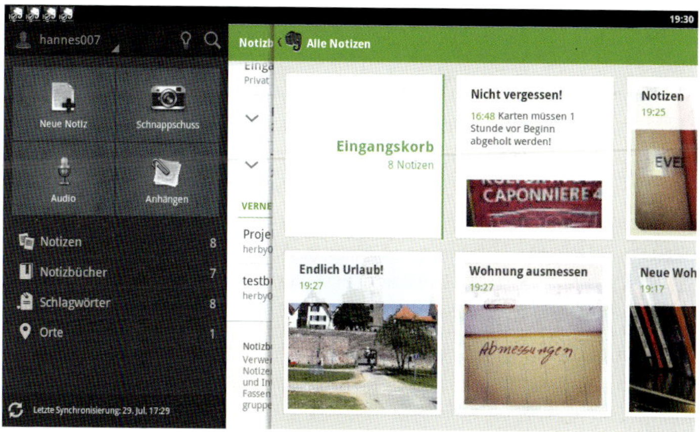

Abb. 1: *Evernote – das zweite Gedächtnis (Android)*

Ein Elefantenkopf auf grünem Untergrund – so präsentiert sich Evernote dem Betrachter. Das Wappentier wurde für eine Software gewählt, die sich selbst zum Ziel gesetzt hat, Gedächtnis und Erinnerungsvermögen ihrer Nutzer tatkräftig zu unterstützen. Offensichtlich gelingt es Evernote, dieses Ziel zu erreichen, denn bereits jetzt wird das Programm von über 35 Millionen Menschen weltweit genutzt, täglich kommen etwa 50.000 neue Evernote-Anwender hinzu (Stand 2012).

Es gibt viele Gründe für den Erfolg von Evernote: Das Programm ist kostenlos erhältlich, es arbeitet mit einer Vielzahl von Betriebssystemen zusammen, ob Windows, Mac, Tablet oder Smartphone – für jedes Gerät existiert eine angepasste Version. Letztendlich sind es aber immer drei zentrale Merkmale, die für das rasante Wachstum von Evernote entscheidend sind:

1. Evernote ist leicht zu bedienen,
2. Evernote funktioniert auf allen Geräten und arbeitet mit allen Betriebssystemen zusammen und
3. Evernote kann an alle persönlichen Bedürfnisse problemlos angepasst werden.

Der letzte Punkt ist entscheidend: Evernote ermöglicht es, völlig flexibel auf unterschiedliche Anforderungen einzugehen: Sie möchten eine strukturierte Dateiablage? Evernote bietet Struktur. Sie recherchieren für eine Seminararbeit oder ein Projekt? Evernote sammelt für Sie Informationen ein. Sie sind chaotisch und verlegen wichtige Unterlagen? Evernote übernimmt die Suche für Sie. Sie sind Romantiker und möchten sich noch möglichst lange an schöne Momente erinnern? Evernote bewahrt Ihre Erinnerungen auf. Ihr Beruf erfordert es, dass Sie mit vielen Informationen umgehen? Evernote bereitet diese Informationen für Sie auf. Die Liste ließe sich beliebig erweitern, aber wir werden später noch auf zahlreiche Beispiele zu sprechen kommen.

Ein weiterer Umstand soll an dieser Stelle erwähnt werden: Obwohl sich das Programm bereits seit 2008 am Markt befindet, sind die Nutzerzahlen in den letzten zwei Jahren geradezu explodiert, sodass das Unternehmen selbst von dem riesigen Erfolg überrascht wurde. Dies ist unter anderem der stürmischen Entwicklung auf dem Smartphone- und Tablet-Markt zu verdanken: Die Notizen und Fotos, die unterwegs aufgenommen werden, sollen ohne Umweg auf dem heimischen PC parat sein. Oder umgekehrt: Informationen, die im Büro oder zu Hause erstellt werden, sollen jederzeit unterwegs aufrufbar sein.

Nun stellt sich die Frage: Wenn Evernote so einfach zu bedienen ist, wozu braucht man dann ein ganzes Buch für dieses Programm? Gute Frage! In der Tat können Sie Evernote innerhalb weniger Sekunden installieren, und wenn Sie etwas Erfahrung z.B. mit Office-Programmen haben, werden Sie das Tool bereits nach kurzer Zeit bedienen können. Allerdings fristet die Software dann oft nur ein Dasein als »Notizblock« oder »Dateiablage«. Das ist in etwa so, als wenn Sie sich einen tollen Aktenschrank mit Index-Fächern, Dokumentenkörbchen, Hängeregistern und Adressboxen schreinern lassen und abschließend alle Papiere in eine einzelne Schublade quetschen.

Das Geniale an Evernote ist, dass es zahlreiche kleine Funktionen zur Verfügung stellt, die im Zusammenspiel ihre Wirkung entfalten. Dazu muss man die Knöpfe und Schalter von Evernote aber näher betrachtet haben, um zu wissen, welche man für seinen eigenen Alltag »drücken« möchte.

Was erwartet Sie in diesem Buch?

- Zunächst erhalten Sie eine kompakte Einführung in das Programm – von der Installation bis zur ersten Notiz.
- Danach eine Darstellung der zahlreichen Möglichkeiten von Evernote mit vielen Tipps und Tricks, die zum Teil auch langjährigen Evernote-Nutzern unbekannt sind.
- Und schließlich viele, viele Beispiele aus der Praxis von Anwendern, die Ihnen Anregungen für Ihren eigenen Umgang mit Evernote liefern werden.

Dazu kommen Listen, »Spickzettel«, wichtige Weblinks usw. usw. Es kann gut sein, dass dieses Buch in den nächsten Tagen ständig neben Ihrem Computer oder Smartphone liegen und sich Ihr Informationsalltag ein ganzes Stück verändern wird.

Kapitel 1

Installieren und Starten

1.1 Schuhkarton, Notizblock, Datenbank? Evernote ist mehr!

Bevor wir uns den Fragen der Installation und Anwendung von Evernote widmen, sei auf einige zentrale Aspekte aufmerksam gemacht. Evernote ist weit mehr als ein »Archivierungswerkzeug« oder eine »Software für Notizen«. Evernote ist das ideale Werkzeug, um den eigenen – beruflichen oder privaten – Informationsalltag zu bewältigen.

1.1.1 Information auf Schritt und Tritt

Ja sicher, wir leben in einer Informationsgesellschaft. Ich selbst mag dieses Wort zwar nicht, da es suggeriert, dass Menschen all die Informationen, die umherschwirren, auch aufnehmen oder verstehen, was keineswegs der Fall ist. Wichtiger erscheint es mir, Informationen sinnvoll zu verknüpfen oder »zur Hand« zu haben, wenn man sie benötigt.

Aber bleiben wir zunächst bei jenem Alltag, den wir alle kennen. Wir leben in einer Welt, in der uns Informationen auf Schritt und Tritt begegnen. Selbst wenn Sie sich zunächst nur in den eigenen vier Wänden umschauen, werden Sie »Informationsschnipseln« aller Art an vielen Stellen und Orten begegnen:

- im Keller: alte Aktenordner, Unterlagen aus Ihrer Studienzeit, Kartons mit Betriebsanleitungen
- im Arbeitszimmer: Ordner für die Steuererklärung, Versicherungsunterlagen, Rechnungen; dazu: externe Festplatten und USB-Sticks
- im Wohnzimmer: die Post der letzten Tage, Flyer vom Pizzaservice, Konzertankündigungen, Broschüren, Zeitungsausschnitte
- in der Küche: aktuelle Termine, Sonderangebote, Kühlschranknotizen
- in Aktentasche, Handtasche oder Citybag: Kassenbons, Quittungen, Belege, Unterlagen vom Büro, Reinigungszettel

Dazu werden an verschiedenen Stellen Ihres Haushalts Schachteln verteilt sein mit Materialien, die Sie sonst nirgendwo einordnen können. Oder einordnen wollten, wenn mal Zeit dazu ist. Diesen Entschluss haben Sie nach Neujahr gefasst. Vor zwei Jahren, wohlgemerkt.

Wenn Sie nun eine Information suchen, von der Sie wissen, dass Sie sie »eigentlich« haben, hängt es sehr vom Glück ab, ob Sie fündig werden.

Welcher Ordner, unter welchem Buchstaben. Welcher Karton in welchem Regal? Welcher Papierstapel in welchem Zimmer? Irgendwann werden Sie irgendwie fündig – und wenn es zwei Wochen später durch Zufall ist, weil Sie irgendetwas anderes suchen.

- **Evernote möchte Ihr zentraler Ort für Informationen sein.** Obwohl man eher von einem Portal sprechen müsste. Evernote ist von einem bestimmten Raum oder Gerät unabhängig – Sie müssen einzig und allein Zugang zu Ihrem Account haben. Von wo aus Sie Evernote aufrufen, ob am PC zu Hause oder in der Eisdiele mit dem Smartphone, ist unerheblich.
- **Evernote möchte Ihnen zeigen, was es hat.** Evernote bietet Ihnen nicht einen Wust von Verzeichnissen, Dateinamen, Textwüsten. Wo immer es geht, werden Sie ein Bild, ein Foto, eine Grafik, eine Vorschau von dem Gesuchten zu Gesicht bekommen.
- **Evernote möchte Ihnen eine tolle Suchfunktion zur Verfügung stellen.** Sie erinnern sich an ein Wort in einem abfotografierten Text? Evernote wird fündig. Sie wissen, wann Sie die Notiz ungefähr verfasst haben? Evernote passt den Zeitraum an. Sie wissen, an welchem Ort Sie eine Information verfasst haben? Evernote blendet einen Stadtplan ein.

Und da Sie handgeschriebene Texte, Fotos, Webinhalte, Scans und Töne in Ihr persönliches Archiv aufnehmen können, gibt es unendliche Möglichkeiten für den Einsatz von Evernote. Angefangen von der kurzen, raschen Notiz weniger Stichwörter über die schönsten Urlaubserinnerungen bis hin zum systematischen Einordnen aller beruflichen Unterlagen. Ein System, das sich Ihnen und Ihren Bedürfnissen anpasst, ohne dass Sie sich in eine komplizierte Bedienung einarbeiten müssten. Für den Alltag genügen wenige Handgriffe, um Evernote zielgerichtet nutzen zu können. Plus eine Reihe von pfiffigen Ideen – und all das finden Sie in diesem Buch zusammen mit einer Vielzahl von Praxisbeispielen.

1.1.2 An wen richtet sich Evernote?

Man könnte es einfach ausdrücken: Evernote richtet sich an alle, die mit verschiedenen Informationen umgehen müssen oder wollen. Dabei bleibt aber festzuhalten, dass Sie keineswegs ein bestimmter »Ordnungstyp« sein müssen, um Evernote zu mögen. Sie können durchaus ein eher »chaotischer« Typ sein, der alle Steuerunterlagen im Karton zum Steuerberater bringt. Oder der »strukturierte« Typ, der auch bei sehr großen Datenmengen den Überblick behalten möchte. Einige kurze Beispiele sollen dies verdeutlichen:

- Im privaten Bereich können Sie mit Evernote Übersicht im Informationschaos schaffen, Geburtstage notieren, Rezeptsammlungen anlegen, Fotoalben archivieren, schöne Momente notieren – kurz gesagt: Sie können sich ein zweites Gedächtnis zulegen.
- Als Schüler oder Student finden Sie in Evernote einen idealen Lernbegleiter: Ob es das Ordnen von Unterrichtsmaterialien ist, Material für eine Präsentation gesammelt werden soll, Klausuren vorzubereiten sind oder Sie sogar an seiner Bachelor- oder Masterarbeit sitzen – Evernote leistet in all diesen Bereichen unschätzbare Dienste.
- Im beruflichen Bereich oder im Homeoffice spielt Evernote seine Stärken aus, wenn Sie an mehreren Arbeitsplätzen arbeiten: Das Büro an der Uni, das Arbeitszimmer zu Hause, die Tagung in einer anderen Stadt, Begegnungen mit Konferenzteilnehmern. Immer sind Unterlagen und Daten griffbereit, unabhängig von Orten und Geräten. Selbst wenn Sie Ihr Notebook oder Ihr Smartphone im Zug vergessen haben – es genügen die Zugangsdaten, um die persönlichen Materialien auf einem einfachen Hotelcomputer herunterzuladen.
- Als Blogger werden Sie rasch die Vorteile von Evernote erkennen: Sammeln von Artikelideen, News von Webseiten speichern, Rohentwürfe von Texten anfertigen, ein eigenes Grafikarchiv erstellen, eine längere Artikelserie vorbereiten. Als Journalist, Schriftsteller, Lehrer, Coach oder Dozent werden Sie die vielfältigen Möglichkeiten von Evernote schätzen lernen, Material zu recherchieren, zu archivieren und zu strukturieren. Gerade wenn Sie zeitlich knapp dran sind, haben Sie mit Evernote im Nu eine Zusammenstellung zu dem gerade aktuellen Thema. Selbst wenn die ursprünglichen Texte oder Bilder im Netz längst wieder verschwunden sind.

Evernote ist also für all jene interessant, die mit Informationen umgehen müssen oder wollen – und die dabei den Überblick behalten möchten.

1.2 In fünf Minuten zur ersten Notiz

Da Firmen- und Produktname identisch sind, kann »Evernote« mehrere Bedeutungen haben. Man kann darunter das Unternehmen in Redwood

City, Kalifornien, verstehen, das seine Software weltweit für die Verwaltung von Dokumenten und Informationen zur Verfügung stellt und auch Schulen berät. Oder man versteht darunter einen Onlinedienst, der persönliche Daten zentral aufbewahrt und auf Wunsch auf die Geräte des Dateninhabers zurückspielt; also ein typischer »Cloud-Dienst«, der auf seinen Servern Informationen seiner Kunden zwischenspeichert. Oder es wird damit schlicht und einfach das Softwareprodukt an sich bezeichnet, das sich in Form eines Programms auf Mac oder PC oder in Form einer App auf einem Smartphone oder Tablet findet. Die Unterscheidung ist eher akademischer Natur, denn die Grenzen sind fließend. Aber so kommt es, dass Sie, obwohl Sie ein Computerprogramm einsetzen, sich zeitgleich bei dem Onlinedienst einen – kostenlosen – Account besorgen müssen. Das geht schnell, denn das Verfahren kennen Sie sicher bereits von anderen Diensten wie z.B. Google Mail, GMX.de oder Web.de.

1.2.1 Ein Evernote-Konto einrichten

Am Anfang steht das Einrichten eines persönlichen Kontos bei Evernote, damit Sie von jedem Gerät und von jedem Ort aus Zugriff auf Ihre Notizen und Unterlagen haben. Im Unterschied zu sozialen Netzwerken wie Facebook möchte Evernote fast nichts von Ihnen wissen: Weder Anschrift noch Geburtsdatum noch irgendwelche Freundeslisten müssen eingegeben werden. Eine gültige E-Mail-Adresse und der gewünschte Nutzername genügen, denn bei Evernote handelt es sich um einen eher »abgeschotteten« Dienst, der – im Unterschied zu bekannten sozialen Netzwerken wie Facebook – nicht an Ihrem Beziehungsgeflecht interessiert ist. Soziale Netzwerke möchten in aller Regel möglichst viel über Sie und Ihren Freundeskreis erfahren, um diese Daten der Werbebranche zur Verfügung stellen zu können. Wir werden noch genauer sehen, dass Evernote ein völlig anderes Geschäftsmodell hat (siehe Abschnitt 9.2). Daher garantiert Ihnen Evernote sogar ausdrücklich: »Ihre Daten gehören Ihnen – und sonst niemandem« (»Die drei Regeln des Datenschutzes« *http://evernote-de.tumblr.com/post/4084829534/die-drei-evernote-regeln-des-datenschutzes*). Einen Account können Sie bei der Installation des Evernote-Programms anlegen oder vorab auf der Webseite von Evernote:

1. Rufen Sie die Homepage von Evernote in Ihrem Browser auf: *http://www.evernote.com*. Dabei sehen Sie auch sogleich, dass die Texte in Deutsch gehalten sind. Sprachprobleme wird es also nicht geben.

2. Rechts oben auf der Seite entdecken Sie zwei Startpunkte:
   - WEB-ANMELDUNG: Wenn Sie bereits über ein Konto verfügen, können Sie sich hier über das Web einloggen.
   - KONTO ERSTELLEN: Dieser Punkt interessiert uns, denn hier wird ein Konto neu angelegt.

Abb. 1.1: *Die Homepage von Evernote*

Mit KONTO ERSTELLEN gelangen Sie zu einem kleinen Formular. Hier benötigten Sie folgende Daten:

Ihre E-Mail-Adresse, einen Nutzernamen und das von Ihnen gewünschte Passwort. Ihr Nutzername kann entweder Ihr echter Name oder auch ein Fantasiename sein. Evernote überprüft während der Eingabe, ob dieser Name noch frei ist.

Danach müssen Sie nur noch die angezeigte Spam-Schutz-Nummer eingeben und bestätigen, dass Sie die Nutzungsbedingungen kennen bzw. älter als 13 Jahre sind. Fertig.

Sie erhalten wenige Sekunden nach der Registrierung eine Bestätigungsmail an die angegebene E-Mail-Adresse, die einen Aktivierungslink enthält. Erst nach dem Anklicken dieses Links wird Ihr Konto eröffnet. Evernote möchte damit vermeiden, dass sich ein Unbefugter Ihrer Mailanschrift bedient.

Für künftige Anmeldungen benötigen Sie ab sofort nur noch Ihren Nutzernamen und Ihr Passwort – mehr nicht. Sollten Sie Ihr Passwort vergessen haben, so brauchen Sie nur Ihren Nutzernamen oder Ihre Mailadresse unter dem Punkt PASSWORT VERGESSEN einzutragen – Evernote schickt Ihnen umgehend eine Mail mit hilfreichen Informationen.

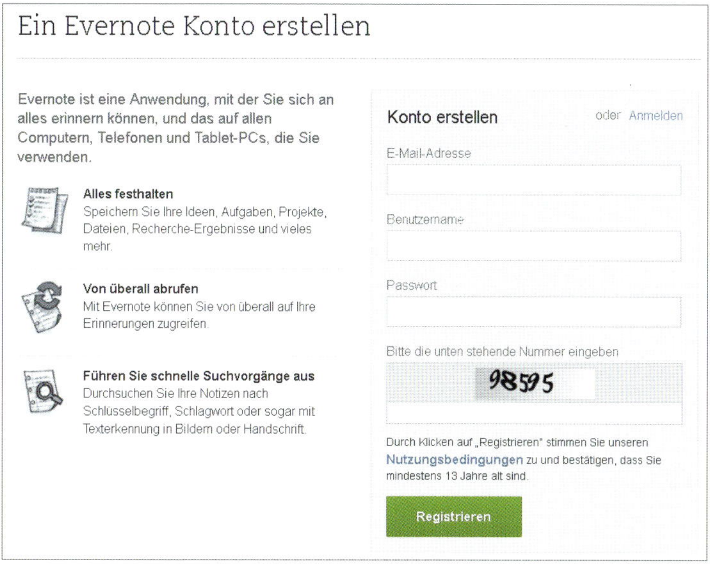

Abb. 1.2: *Evernote-Konto erstellen*

1.2.2 Evernote-Software installieren (Windows und Mac)

Im Prinzip könnten Sie alle Ihre Materialien allein über die Webseite von Evernote verwalten (und benötigen keine zusätzliche Software oder eine App). Denn der Webbereich des Evernote-Dienstes ist, wie wir später noch eingehender betrachten werden, optisch und funktional wirklich gut gestaltet. Aber leichter und schneller lässt sich Evernote über die jeweilige Software bedienen. Und da es diese für praktisch alle Systeme – von Windows über Mac bis hin zu iPhone, Android und BlackBerry – gibt, steht einer Benutzung nichts im Wege.[1]

1. Linux-Anwender sollten sich einmal das Projekt Nevernote/Nixnote ansehen: *http://nevernote.sourceforge.net.*

Evernote hat seine Programme klein und »leicht« gehalten. Selbst wenn Sie einen älteren Computer mit Windows XP im Büro und zu Hause einen superschnellen mit Windows 8 stehen haben – auf allen Systemen wird die Software problemlos und ressourcenschonend laufen.

Übrigens: Zunehmend gehört Evernote zu den »Standardprogrammen«, die auf neuen Geräten bereits vorinstalliert sind. So finden Sie das grüne Evernote-Icon oft auf Android-Smartphones und -Tablets, aber auch bei Computern mit Windows 8. In diesem Fall müssen Sie nur das Programm starten und Ihre Kontodaten eingeben – eine Installation entfällt.

Installation unter Windows

In der Mitte der Homepage-Seite von *http://www.evernote.com* werden Sie einen Button mit der Aufschrift EVERNOTE HERUNTERLADEN entdecken.

Abb. 1.3: *Download des Evernote-Programms*

Wenn Sie diesen anklicken, fragt Ihr Browser Sie, ob Sie die Datei Evernote-XYZ.exe speichern möchten. Dies bestätigen Sie und starten danach das Installationsprogramm mit einem Doppelklick.

Wie gewohnt können Sie während der Installation einfach die Standardwerte bestätigen, z.B. die Installation in den Festplattenpfad PROGRAMME, oder Sie passen die Angaben Ihren Wünschen gemäß an. Zum Schluss tragen Sie Ihren Nutzernamen und Ihr Passwort ein. Sollten Sie vorher noch kein Konto auf der Webseite angelegt haben, haben Sie die Möglichkeit, dies direkt aus dem Installationsprogramm heraus zu erledigen.

Nach der Installation finden Sie das grüne Evernote-Icon auf Ihrem Desktop bzw. im Startmenü unter ALLE PROGRAMME/EVERNOTE die entsprechende Verknüpfung.

Installation auf dem Mac

Die Webseite von Evernote erkennt, welches Betriebssystem die Inhalte aufruft. Daher wird Ihnen automatisch statt der Windows-Version die Mac-Version zur Installation angeboten werden (Sie können Evernote aber auch über den Mac-App-Store beziehen). Nach dem Download verfahren Sie wie üblich und ziehen das Programm in Ihr Anwendungsverzeichnis. Damit ist Evernote einsatzbereit.

An dieser Stelle etwas Grundsätzliches zu den Unterschieden zwischen der Mac- und der Windows-Version. Beide Varianten sind von Aussehen und Funktionsumfang her gesehen sehr ähnlich. Neue Funktionen werden mal zuerst in der Mac-Version, mal zuerst in der Windows-Version eingerichtet – doch die Version für das jeweils andere Betriebssystem erhält meist kurz danach die gleichen Funktionen.

Kapitel 2

Schreiben und Sammeln

2.1 Ihre erste Notiz

Nach dem ersten Start von Evernote ist noch nicht viel zu sehen, da Sie ja noch keine Inhalte aufgenommen haben. Deutlich wird aber jetzt bereits die Grundstruktur von Evernote: Informationen werden in drei Spalten aufgenommen.

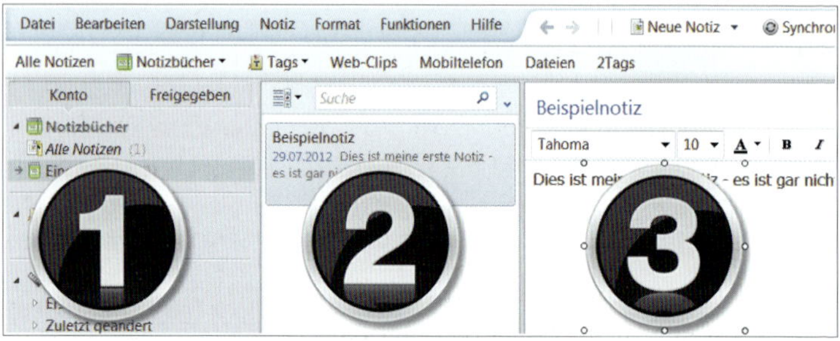

Abb. 2.1: *Drei Spalten sind genug*

Die linke Spalte, Nr. 1, nimmt Namen von einzelnen Notizbüchern auf, Schlagwörter, die Sie später an Notizen vergeben, und stellt Filter zur Verfügung. Die mittlere Spalte, Nr. 2, zeigt Ihnen eine kleine Vorschau der Notizinhalte. Im Hauptfenster, Spalte Nr. 3, das auch den größten Platz einnimmt, befindet sich der eigentliche Inhalt der Notiz. Das mag als erster Überblick genügen, zu den Einzelheiten kommen wir gleich.

Ihr nagelneues Evernote-Konto ist nicht ganz leer – ein Notizbuch wurde für Sie bereits angelegt, das alle neuen Notizen aufnimmt. Ich werde noch darauf eingehen, um was es sich bei »Notizbüchern« und »Notizen« genau handelt. Evernote hat jedenfalls Ihrem ersten Notizbuch Ihren Nutzernamen gegeben. Sie können diesen Namen verwenden, aber damit es klarer wird, was der Sinn dieses Notizbuchs ist, ändern wir zunächst den Namen. Sie können den Menüpunkt aufrufen, indem Sie mit der Maus den Namen des Notizbuchs markieren und nach Klicken mit der rechten Maustaste den Punkt UMBENENNEN aufrufen.

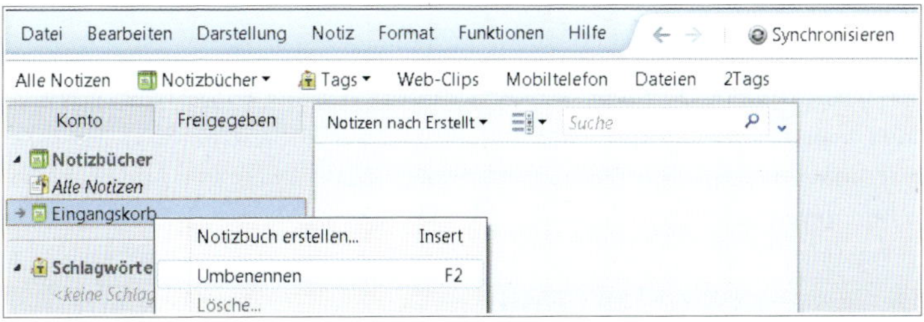

Abb. 2.2: *Namensänderung*

In unserem Beispiel taufen wir das Notizbuch EINGANGSKORB, Sie könnten es auch STANDARD, SAMMELSURIUM oder was immer Ihnen in den Sinn kommt nennen.

Und wir nehmen auch gleich unsere erste Notiz auf:

1. Wählen Sie den Menüpunkt NEUE NOTIZ.

   In der rechten Spalte öffnet sich eine leere Notizenseite, die Grafiken, Dateien und Text aufnehmen kann. Wir begnügen uns im Moment damit, eine Textzeile zu schreiben:

   ```
   Dies ist meine erste Notiz - es ist gar nicht schwer!
   ```

2. Geben Sie einen Titel für die Notiz ein.

   Damit dieser Notizzettel auch eine Überschrift erhält, klicken Sie bitte das Titelfeld über Ihrem Text an (dort ist zunächst hellgrau eingetragen ZUM FESTLEGEN DES TITELS KLICKEN). Dort tippen Sie:

   ```
   Beispielnotiz
   ```

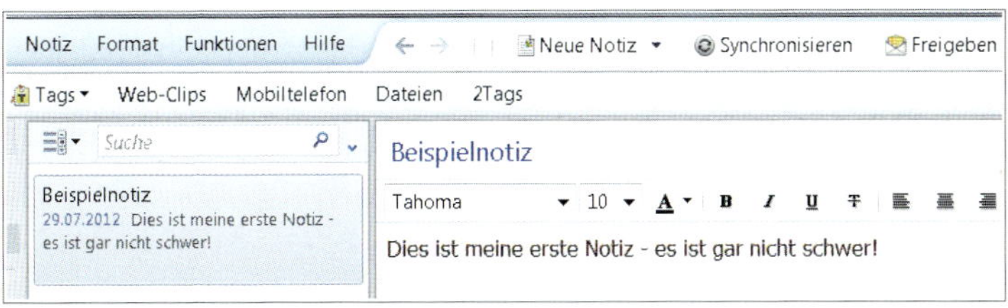

Abb. 2.3: *Eine erste Notiz*

Das war doch leicht, oder? Werfen Sie nun einen Blick auf die mittlere Spalte: Dort entdecken Sie ebenfalls Ihre Überschrift und die ersten Wörter Ihrer Notiz. Diese mittlere Spalte wird zu einer Art »Inhaltsverzeichnis« oder »Übersicht« werden. Falls Ihre Notiz eine Grafik, ein Foto oder eine PDF-Datei enthält, werden Sie in dieser Spalte auch ein Vorschaubild sehen. Dazu später mehr.

Hinweis

Sofern Sie mit dem Internet verbunden sind, wird Evernote übrigens im Hintergrund auf den Evernote-Servern sichern. Davon werden Sie nicht viel bemerken – aber im Prinzip könnten Sie bereits jetzt mit jedem beliebigen Computer und Ihren Accountdaten die Notiz einsehen, die Sie gerade eingegeben haben.

2.2 Ein Notizblatt hat viel zu bieten

Sie werden gleich noch sehen, dass ein Notizblatt nicht nur Texte aufnehmen kann, sondern auch Dateien, Fotos und Webinhalte. Bevor ich dazu komme, lassen Sie uns einen Blick auf jene Bereiche eines Notizblatts werfen, die zusätzliche Informationen zum Inhalt liefern. Zu jedem Notizblatt gehören einige weitere Felder, die zum Teil automatisch von Evernote selbst ausgefüllt werden. Die Inhalte können auch vom Anwender verändert oder ergänzt werden. Selbst wenn nicht jede Notiz unbedingt alle Felder benötigt, ist es gut zu wissen, was sich hinter den Informationen verbirgt, denn diese liefern weitere Möglichkeiten der Sortierung und Gestaltung des eigenen Archivs.

Des Weiteren stellt Evernote eine Reihe von Formatierungsmöglichkeiten für den Text einer Notiz zur Verfügung. Auch diese Funktionen sollen hier kurz besprochen werden.

2.2.1 Notizbuch, Titel und Datum

Selbst wenn Sie nur einige Textzeilen eingeben, werden von Evernote automatisch folgende Informationen eingetragen:

1. Der Titel oder die »Überschrift« einer Notiz. Dazu verwendet Evernote entweder eine Standardformulierung oder die erste Zeile Ihres Notiztextes.
2. Das Notizbuch. In aller Regel wird der Name Ihres Standardnotizbuchs verwendet. Ein Klick auf dieses Feld öffnet ein Pull-Down-Menü mit einer Auswahl aller vorhandenen Notizbücher.
3. Ein ERSTELLT- und ein GEÄNDERT-Datum. Also Tag und Uhrzeit des ersten Erstellens einer neuen Notiz und das Datum der letzten Änderung.

Tipp

Dadurch, dass das Datum im Feld ERSTELLT editierbar ist, können Sie einen kleinen Trick anwenden: Wenn Sie besonders wichtige Notizen immer an erster Stelle sehen wollen, tragen Sie in dieses Feld ein Datum aus der Zukunft ein. Die Notiz bleibt so lange »oben« im Notizenstapel, bis das Datum erreicht ist, danach wandert sie mit den anderen Notizen »nach unten«.

Abb. 2.4: *Die Standardfelder einer Notiz*

2.2.2 Autor, Speicherort und Quelle

Neben den eben erwähnten Standardeinträgen gibt es noch Felder, die nicht immer ausgefüllt sind. Dazu gehören:

1. Der Autor. Wenn Sie eine Mail aus Outlook übernommen haben, erscheint hier die E-Mail-Adresse des Absenders. Sie können aber auch Autorennamen per Hand eintragen.
2. Und unter »Quelle« erscheint der Weblink, wenn Sie eine Webseite oder einen Ausschnitt daraus in Evernote aufgenommen haben. Dieser Link bleibt anklickbar, sodass Sie jederzeit zur Originalseite im Web wechseln können.

Der »Speicherort«, eine Adress- oder Regionalangabe, ist oft bei Notizen zu finden, die auf einem mobilen Gerät entstanden sind (z.B. bei einem Foto, das mit einem Smartphone aufgenommen wurde).

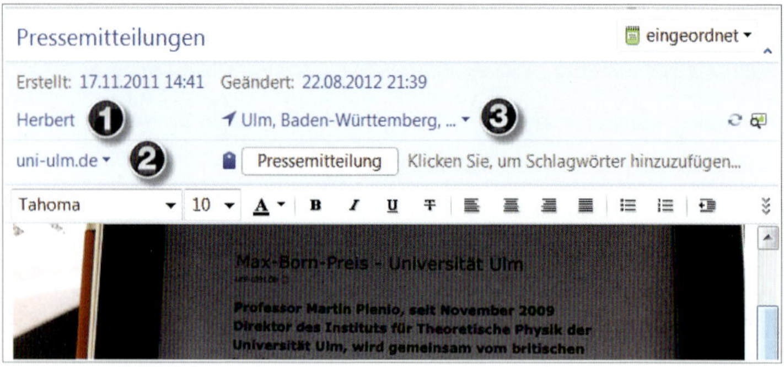

Abb. 2.5: *Notizen können sogar mit Weblinks versehen sein*

2.2.3 Notizen formatieren

Evernote verfügt über grundlegende Formatierungsmöglichkeiten wie die Einstellung der Schriftart, Einrückungen, Auszeichnungen als fett oder kursiv, die heutzutage durch die gängigen Textverarbeitungen bekannt sind. Auch hier folgt Evernote dem »Keep it simple«-Prinzip. Eine rasche Notiz erfordert nicht alle möglichen Layouteinstellungen, bei denen man mühsam die richtige Funktion suchen muss. Das Erstellen von Broschüren oder komplizierten Ausdrucken soll weiterhin im gewohnten Programm geschehen, also z.B. in Word, InDesign oder Photoshop. Die Ergebnisse dieser Programme können ja jederzeit als Anhang einer Notiz beigefügt werden. Schon jetzt sei verraten: Evernote hat einen sehr cleveren Weg gefunden, Dateien von externen Programmen bearbeiten und aktualisieren zu können. Das Stichwort dazu lautet »Live Update« – siehe Abschnitt 3.4.2.

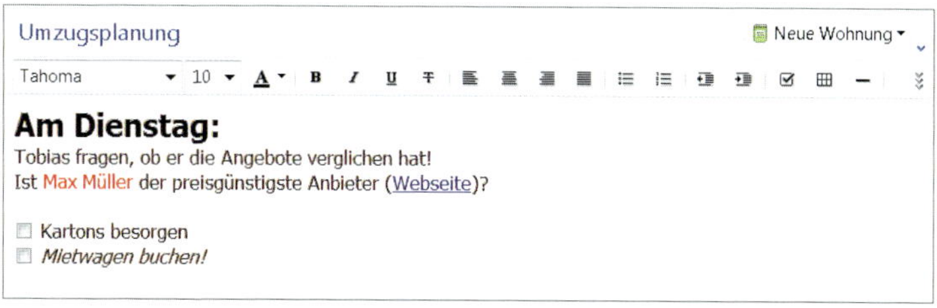

Abb. 2.6: *Text in Evernote erstellen*

Hervorzuheben ist neben der Tabellenerstellung insbesondere die Checkbox-Funktion. Mit dieser lassen sich nicht nur rasch To-do-Listen und Projektschritte erledigen, sie liefert auch einen speziellen Suchparameter, sodass man sich später beispielsweise alle Notizen anzeigen lassen kann, die noch offene Posten aufweisen (siehe Abschnitt 5.4.2).

Hinweis

Sie können die genannten Felder ausblenden, wenn Sie sich auf Ihren Notizeninhalt konzentrieren möchten. Umgekehrt können Sie zu jeder Zeit die Felder wieder einblenden. Der kleine Pfeil in der rechten Notizecke – neben dem Titel des Notizbuchs – macht die entsprechenden Einstellungen sichtbar.

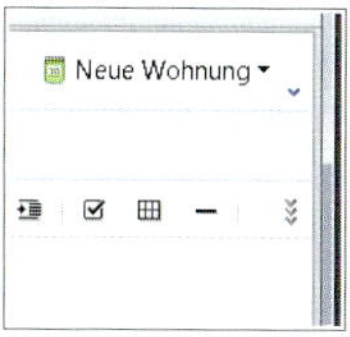

2.3 Der digitale Schuhkarton: Die vielen Gesichter der Notizen

Der Anfang ist gemacht, wie einfach Text in Evernote aufgenommen werden kann, wurde zu Beginn dieses Kapitels gezeigt. Doch die Flut an Informationen, die zu unserem Alltag gehört, besteht aus vielen, vielen unterschiedlichen Informationsarten. Wenn noch einmal das Bild des Schuhkartons bemüht werden darf: Dort finden sich Quittungen, Rechnungen, Broschüren, Kinokarten usw. Doch auch das ist nur ein kleiner Bereich unserer Informationswelt. Ob Dokumente in Dateiform, Urlaubsfotos, Informationen aus dem World Wide Web, E-Mails – eigentlich müssten wir einen Schuhkarton mit gigantischen Ausmaßen haben, wollten wir all das unter einen Hut bringen. Um sich die Vielfalt der Informationen noch einmal kurz vor Augen zu führen, eine Liste von Beispielen, die bei Weitem keinen Anspruch auf Vollständigkeit legt:

- das Wohnzimmer: die Visitenkarte des Energieberaters, der Konzertflyer, der Müllabfuhrkalender am Kühlschrank, die Busverbindungen, der Reinigungsabholschein, Bedienungsanleitungen, Prospekte, Ausschnitte aus Wochenblättern ...
- die Ordner im Aktenschränkchen: der Rentenbescheid, die Heizungsrechnung, Spesenquittungen von der letzten Dienstreise, Rechnungen für die nächste Steuererklärung, Versicherungspolicen ...
- Unternehmungen und Freizeit: die Reiseplanung, Erinnerungsfotos, Fahrpläne, Rezepte, Bastelanleitungen, Etiketten von Weinflaschen, Adressen und Rufnummern, Termine von Freizeitveranstaltungen, Musikstücke, Videos ...
- der Computer: wichtige Sicherungsdateien, Einstellungen des WLAN-Routers, versteckte Pfade zu Konfigurationsprogrammen, Hilfedateien und Lizenznummern zu Softwareprodukten, Dateien, die beruflich wichtig sind, Passwörter ...
- das Internet: Mails mit Bestellbestätigungen, Telefonrechnungen, PDF-Dateien zu einem aktuellen Thema, Einzelartikel von Onlinezeitungen, Geschenkwünsche vom Onlinebuchhandel, ein Angebot auf eBay, Infos für die Weiterbildung, Geschenkideen für die nächsten Geburtstage ...
- unterwegs: Informationen auf Schildern, Fotos, Notizen von Freunden, Fundstücke, Einfälle beim Spaziergang, Serviettenskizzen im Café ...

Diese tausend Schnipsel verdichten sich zu einem Knäuel im Kopf und werden für viele zu einem fast unüberwindlichen Berg bei der Bewältigung alltäglicher Aufgaben.

Nun kann Evernote nicht alle Probleme lösen, aber das Programm ist außerordentlich hilfreich beim Ablegen, Archivieren, Sicherinnern, Wiederfinden, Umsortieren – kurz: Evernote verschafft einen Überblick über all das, was uns im Alltag so begegnet. Und das nicht nur am Notebook zu Hause oder am Computer im Büro, sondern auch unterwegs mit Tablet/iPad oder Smartphone.

Abb. 2.7: *Informationsflut im Alltag*

2.3.1 Wie gelangt die Information in den Karton?

Bei der einfachen Textnotiz, die Sie am Anfang dieses Kapitels geschrieben haben, wurde der Inhalt direkt in Evernote erzeugt. Aber es gibt viele Wege, auf denen Informationen in ein Evernote-Notizbuch gelangen können:

- Sie können eine Audionotiz erstellen, indem Sie z.B. ein Headset verwenden – oder ein Bild mit Ihrer Webcam einfangen.
- Dateien aus Textverarbeitungen oder Tabellenkalkulationen können angehängt, PDF-Dateien integriert werden.
- Fotos, Grafiken und Skizzen können in eine Notiz einfach per Drag & Drop wandern.

- Webseiten oder Artikel aus Onlinezeitungsangeboten können in Evernote archiviert werden.
- Dateien, die ein Scanner von Ihrem Schriftverkehr erzeugt, können automatisch von Evernote erkannt und archiviert werden.
- Direkt aus dem Dateimanager heraus können Sie Unterlagen an Evernote senden oder, auf einem Mac-System, sogar via »Evernote-Drucker« aufnehmen.
- Sie können auch an Evernote »schreiben« und dem Programm per Mail eine Datei zusenden.

Dies mag für einen kurzen Überblick genügen – alle diese Methoden beschreibe ich auf den folgenden Seiten ausführlich.

2.3.2 Die Textnotiz

Da das Eingeben von Texten die einfachste Form ist, eine Notiz zu erstellen, haben wir diese Variante bereits zu Beginn dieses Kapitels kurz besprochen und müssen hier nicht ausführlich darauf eingehen. Woran man aber denken sollte: Jeder Text kann mit weiteren Informationen ergänzt werden, z.B. durch ein Foto oder einen Dateianhang. Und umgekehrt kann jedes in Evernote gespeicherte Dokument durch einen eigenen Text ergänzt werden. Durch diesen zweiten Punkt unterscheidet sich Evernote auch von einer reinen Onlinefestplatte, auf der Dateien unkommentiert gespeichert werden.

2.3.3 Besondere Dateien: PDF-Dokumente, Fotos und Grafiken

Die im vorigen Abschnitt erwähnten Dateien verhalten sich wie normale Anhänge, die man auch vom Mailprogramm her kennt – sie sind gewissermaßen an eine Notiz »geheftet« und Sie müssen sie erst öffnen, um einen Eindruck vom Inhalt zu bekommen. Eine der Stärken von Evernote ist aber, dass Sie in vielen Fällen einen »Soforteindruck« erhalten können, ohne ein weiteres Programm zu bemühen. Dies trifft zu auf

- Texte und Formatierungen, die in Evernote erstellt wurden,
- Webseiten, die in Evernote mit dem Web Clipper gespeichert wurden (siehe Abschnitt 2.4),

- PDF-Dateien,
- Fotos, Grafiken, Illustrationen in einer Notiz.

Dadurch erhalten viele Notizen einen aussagekräftigen visuellen Anker, durch den Sie sehr schnell eine gewünschte Notiz entdecken können.

Abb. 2.8: *Grafiken und PDF-Dateien erhalten Vorschaubilder*

PDF-Dokumente

PDF – Portable Document Format – hat sich seit vielen Jahren als Standardformat für den Austausch von Dateien durchgesetzt: Behörden bieten ihre Formulare in diesem Format an, Unternehmensseiten ihre Handbücher und Gebrauchsanweisungen, Zusammenfassungen, Aufsätze, Studienergebnisse – die Liste ist praktisch endlos. (Fast die gesamte digitale Bibliothek mit allen Lehrbüchern an der Universität, an der ich arbeite, ist fast ausschließlich in diesem Format gehalten.)

Daher hat Evernote einen besonderen Schwerpunkt auf die Verwaltung von PDF-Dateien gelegt: Die erste Seite eines PDF-Dokuments wird als Erinnerungshilfe sowohl in der Ausschnittvorschau in der Mitte des Programms angezeigt als auch direkt beim Aktivieren in der Notiz.

Außerdem kann man das PDF »innerhalb« der Notiz lesen, muss die Datei also nicht in einem getrennten Anzeigeprogramm aufrufen. Wenn Sie hingegen lieber die Datei in Ihrem gewohnten PDF-Anzeigeprogramm lesen möchte, etwa im Adobe Reader, so geht dies auch problemlos: Führen Sie einfach einen Doppelklick auf die angezeigte Datei oder das kleine Adobe-Icon am oberen Rand aus.

Des Weiteren kann man die Datei ganz bequem via Drag & Drop mit dem kleinen »Griff« rechts außen direkt in jedes beliebige andere Programm ziehen, z.B. auf eine Mail in Outlook.

Abb. 2.9: *Bedienelement für PDF-Dateien*

Tipp

Noch kurz ein Wort zu den dicken Bedienungsanleitungen, die mit ihren Serbisch-/Chinesisch-/Kisuaheli-Übersetzungen viel Platz wegnehmen: Im Netz finden Sie auf der Herstellerseite oft eine PDF-Version der Gebrauchsanweisung. Nehmen Sie diese in Evernote auf, vielleicht zusammen mit einem Scan des Kaufbelegs, damit Sie später auch gleich am Datum erkennen können, ob ein Reparaturfall noch in der Garantiezeit liegt.

Fotos

Ob Fotos nun mit einer kleinen Digitalkamera oder mit dem Smartphone gemacht werden, sie sind ideale Informationslieferanten: Schilder mit Öffnungszeiten, ein Konzertplakat auf dem Heimweg, die Besprechungsnotizen auf einem Whiteboard – ja sogar die Ecke in der unbekannten Stadt, in der man sein Auto abgestellt hat. Oder Sie stellen ein großes Gerät wie Ihren neuen Flachbildfernseher auf – knipsen Sie kurz die Anschlüsse hinten, bevor Sie das Gerät zur Wand stellen. Auf diese Weise wissen Sie später, ob noch eine Buchse frei ist oder wie die Verkabelung ursprünglich vorgenommen worden war. Oder legen Sie das Akkuaufladegerät neben das dazugehörige Handy und fotografieren Sie das Pärchen. Beim nächsten eBay-Verkauf werden Sie dankbar sein, wenn Sie passend zu Ihrem Altgerät das korrekte Zusatzteil aus der Technikkiste wühlen können.

All das und noch sehr viel mehr sind nützliche Informationen, die man in Evernote ganz einfach einordnen kann.

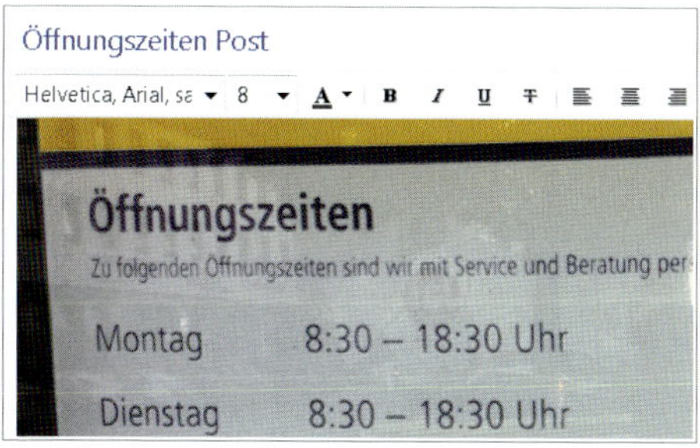

Abb. 2.10: *Ein schneller Schnappschuss erspart die Tipparbeit*

Wenn Sie die Aufnahmen mit dem Smartphone durchführen, können Sie sich einfach der jeweiligen Evernote-Software bedienen, die es für die Betriebssysteme der meisten mobilen Geräte gibt. Werden die Fotos mit einer Digitalkamera aufgenommen, können Sie direkt von der Speicherkarte des Geräts das gewünschte Bild auf das Evernote-Icon ziehen – und schon entstehen Fotonotizen.

Eine Besonderheit, die Evernote seinen Anwendern zur Verfügung stellt: Jedes Foto durchläuft eine Schrifterkennung (OCR), die außerordentlich gut funktioniert. Wenn Sie beispielsweise ein Schild mit Öffnungszeiten aufnehmen, so wird das entsprechende Foto von Evernote gefunden, wenn Sie in das Suchfeld den Begriff `Öffnungszeiten` eingeben. Auf diesen Punkt komme ich später noch einmal zurück.

Tipp

»Weg mit dem Etikett.« Nicht nur das große schwedische Möbelhaus liebt es, an jedes kleinste Textilstück ein großes Etikett zu heften, T-Shirts, Jacken usw. – überall sind die störenden Streifen zu finden, die mit der Zeit unleserlich werden. Dennoch traut man sich oft nicht, das Etikett einfach zu entfernen – vielleicht werden die darauf stehenden Informationen ja noch benötigt, z.B. wenn man ein Kleidungsstück waschen oder in die Reinigung geben möchte.

Machen Sie vom Etikett einfach kurz ein Foto und speichern Sie dieses in Evernote. Anschließend können Sie das »richtige« Etikett ruhigen Gewissens beseitigen ...

2.3.4 Notizen mit Anhängen versehen

Prinzipiell lassen sich alle Dateiformen in Evernote aufnehmen, also beispielsweise Office-Dokumente von Word oder Excel, Audio- und Videodateien. Um einen derartigen Notizanhang zu erzeugen, gibt es verschiedene Wege, die Ihnen auch aus anderen Programmen bekannt sein werden:

Datei anfügen oder via Drag & Drop aufnehmen

Im Evernote-Menü Datei finden Sie den Punkt Dateien anfügen, der den vertrauten Explorer/Finder aufruft. Sie bewegen sich in Ihrer Verzeichnisstruktur bis zur gewünschten Datei und klicken auf sie – fertig. Oder Sie rufen Ihren Dateimanager auf und ziehen einfach die gewünschte Datei auf das Evernote-Icon oder eine ausgewählte Notiz.

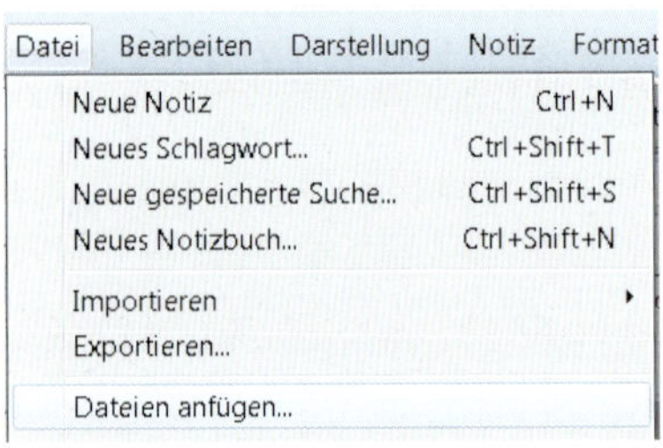

Abb. 2.11: *Dateien können einer Notiz beigegeben werden*

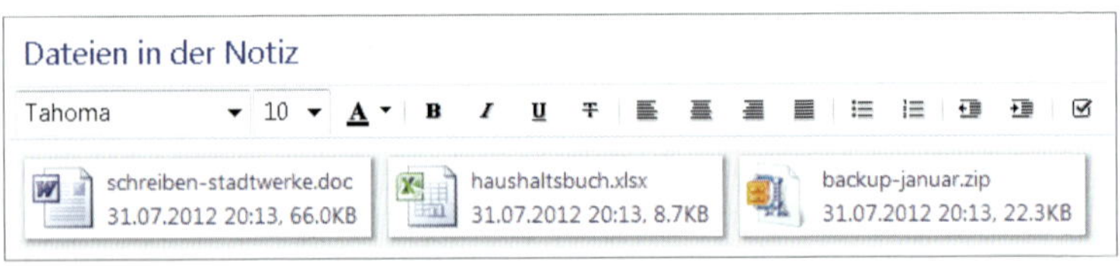

Abb. 2.12: *Es können beliebige Dateiformate gespeichert werden*

Dateien mit »Senden an« an Evernote schicken

Bei der Installation fügt Evernote dem Dateimanager einen neuen Punkt hinzu, der sich in der Praxis als außerordentlich nützlich erweist: Sie markieren die gewünschte Datei auf Ihrer Festplatte, rufen mit der rechten Maustaste das Kontextmenü auf, wählen den Punkt Senden an und anschließend EVERNOTE aus – und schon wird die Datei an Evernote geschickt, ohne dass Sie das Programm zuvor aufrufen müssten.

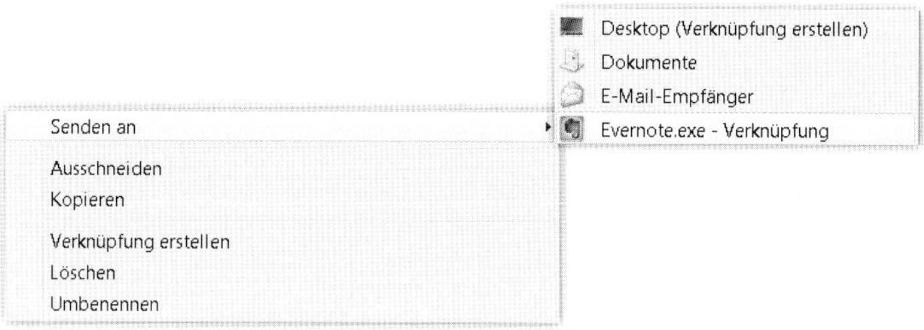

Abb. 2.13: *Nützlicher Punkt im Explorer*

Dateien an eine Mail anhängen

Gleichzeitig mit der Erstellung eines neuen Evernote-Accounts erhält Ihr Konto eine persönliche Mailadresse. Diese ist *nicht* zur Weitergabe für den Mailverkehr an andere Personen bestimmt. Vielmehr greifen Sie zu dieser Mailadresse, wenn Sie eine Notiz oder eine Datei per Mail an Ihr Konto senden möchten.

Die Adresse besteht aus Ihrem Nutzernamen und einer kleinen Ziffernfolge mit dem Zusatz @m.evernote.com. Sie finden Ihre private Evernote-Adresse wie folgt:

Im Evernote-Desktopprogramm rufen Sie den Menüpunkt FUNKTIONEN auf, darin den Unterpunkt KONTOINFORMATIONEN. Es wird die Kontozusammenfassung Ihres Accounts aufgerufen, wo auch die folgende Information zu finden ist:

Abb. 2.14: *Ihre persönliche Evernote-Adresse*

An die Adresse mustermax.1234@m.evernote.com können Sie nun also von Ihrem gewohnten Mailprogramm aus eine E-Mail senden und beliebig viele Dateien anhängen. Evernote zaubert daraus eine eigenständige Notiz samt den angehängten Dateien. Wir werden noch sehen, dass diese Mailadresse außerordentlich wertvoll für den mobilen Einsatz ist. Denn die meisten Smartphone- oder Tablet-Apps können Dateien, etwa die Route Ihres Joggingwegs, an eine Mailadresse und damit auch an Evernote schicken.

Tipp

Sie können über die Betreffzeile neben dem Titel sogar ein Notizbuch und gewünschte Schlagwörter mitschicken, sofern diese bereits angelegt sind. Mit einem @-Zeichen markieren Sie den Namen des Notizbuchs, mit der Raute die Schlagwörter. Das sieht dann so aus:

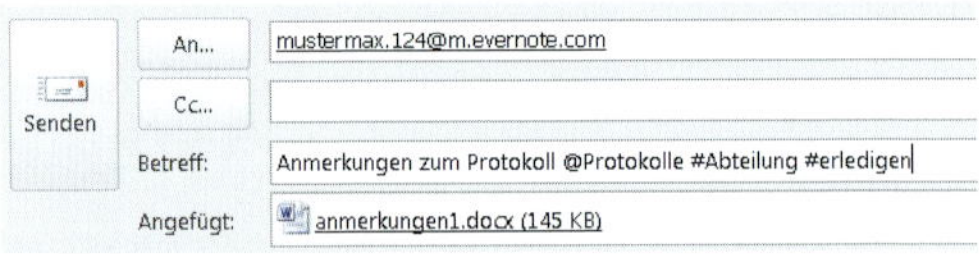

Abb. 2.15: *Dateien an Evernote schicken*

Es gibt noch einige weitere Möglichkeiten der Dateiaufnahme – Outlook kann Mails an Evernote weiterleiten und Evernote kann Ordner auf der Festplatte überwachen (siehe Abschnitt 2.3).

Noch ein Wort zu den aufgenommenen Dateien: Diese werden per gängigem Doppelklick in der Evernote-Notiz mit dem jeweils verbundenen Programm geöffnet. Ein Doppelklick auf einen Word-Anhang ruft also die Textverarbeitung auf, mit einem Doppelklick auf eine Grafik wird Ihr gewohntes Bildbearbeitungsprogramm, z.B. Photoshop, geöffnet.

Es lässt sich übrigens auch jede Datei wieder aus Evernote »lösen«, das heißt an einem beliebigen Ort der Festplatte speichern; die Datei steht Ihnen also zu jedem Zeitpunkt in Originalform zur Verfügung.

2.3.5 Dateien vom Scanner

Wenn man vom »papierlosen Büro« spricht, so denkt man natürlich gerade an jene Schriftstücke und Unterlagen, die nicht in digitaler Form eintreffen, sondern eben auf Papier. Wer nur gelegentlich etwas scannen möchte, der ist heutzutage eigentlich mit der ausgezeichneten Scanner-Software für

Smartphones besser bedient, darauf werden wir noch ausführlicher eingehen (siehe Abschnitt 7.1).

Bei einem mittleren Scanaufkommen lohnt sich eine der üblichen Drucker-Scanner-Kombinationen, nach Möglichkeit mit einem Scanaufsatz, damit der Vorgang schnell von der Hand geht. Solche Modelle sind oft schon für einen Betrag zwischen 150 und 200 Euro zu haben.

Wer aus beruflichen Gründen viel korrespondiert, der wird sich ohnehin ein entsprechendes Scangerät zugelegt haben, vielleicht sogar mit Duplexaufsatz, sodass Vorder- und Rückseite eines Schreibens in einem Zug eingescannt werden können.

Bei der heute üblichen Scansoftware können Sie auch den Grad der Auflösung und das Dateiformat festlegen. Wenn Sie z.B. zusammengehörige Schriftstücke beieinanderhalten wollen, empfiehlt sich oft eine PDF-Version von mehreren Seiten, bei Einzelstücken genügt auch eine Bilddatei.

Ein Dokument in Papierform können Sie nur einmal ablegen, oder Sie müssen eine Fotokopie erzeugen, die Ihren Papierberg noch vergrößert. Einmal digitalisiert können Sie mit den Unterlagen völlig flexibel hantieren: mehrere Stichwörter beigeben oder in mehrere Notizbücher aufnehmen, an andere per Klick verschicken usw.

Natürlich empfiehlt sich oft, z.B. bei Versicherungsunterlagen, die Papierversion weiterhin zu behalten. Nur kann sie jetzt getrost samt Ordner in den Keller wandern, Sie haben die wichtigen Informationen ja dank Evernote in der Hand – und finden sie dort meist auch viel schneller. Endlich wieder Platz im überquellenden Regal – das ist der Mühe schon wert!

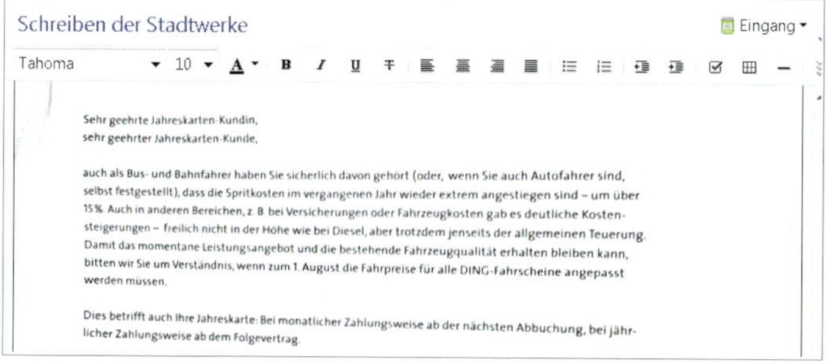

Abb. 2.16: *Scannen Sie Ihren Schriftverkehr*

Tipp

Schon an dieser Stelle sei ein kleiner Trick verraten: Im Kapitel 3.4 »Ordner überwachen« wird gezeigt, dass Evernote bemerkt, wenn eine neue Datei auf zuvor festgelegten Festplattenverzeichnissen »eintrifft«, und diese Dateien dann automatisch in seine Notizbücher aufnimmt. In den meisten Fällen können Sie bei Ihrer Scannersoftware den Dateipfad festlegen, in dem direkt nach dem Scan das Resultat gespeichert werden soll. Wenn dies ein von Evernote überwachtes Verzeichnis ist, können Sie sich einige Arbeitsschritte sparen, da das Dokument ohne Ihr Zutun archiviert wird. Alle z.B. an diesem Wochenende eingescannten Dateien landen sofort in Evernote, ohne dass Sie selbst die Notizblätter erzeugen müssten. Sie können sogar ein spezielles Notizbuch festlegen, z.B. SCAN UNTERLAGEN FINANZAMT, in das die Dateien automatisch aufgenommen werden. So müssen Sie am Schluss nur dieses Notizbuch durchgehen und entsprechende Schlagwörter wie etwa KLÄRUNGSBEDARF oder ERLEDIGT vergeben.

Auch Digitalkameras oder Smartphones, die Sie vielleicht ohnehin schon besitzen, können als »Scanner« verwendet werden. Bei manchen Materialien, z.B. gefalteten Flyern, gehefteten Broschüren oder großformatigen Unterlagen ist dieses Verfahren sogar noch einem Scanner überlegen: Sie positionieren die Kamera einfach über jene Informationen, die von Interesse sind, und schicken das entstandene Foto an Evernote.

2.3.6 E-Mails aufnehmen

Der E-Mail-Verkehr ist für die meisten Menschen inzwischen zur Nummer eins des Informationsaustauschs geworden, wichtiger noch als Telefon oder die Papierpost. Rechnungen und Vertragsunterlagen erreichen uns auf diesem Weg, Termine und Vereinbarungen, Einladungen, Tagungsprogramme und ... und ... und ... Oft wird als Mailprogramm die Software Outlook von Microsoft genutzt. Daher wird von Evernote bereits bei der Installation der bekannte grüne Button eingefügt, sodass Sie die Archivierung von Mails – samt Anhängen – in Evernote immer nur einen einzigen Klick kostet.

***Abb. 2.17:** Evernote ist auch in Outlook vorhanden*

Tipp

Manchmal möchte man unterschiedliche Mails zu einem Vorgang zusammenfassen. Das funktioniert überraschend einfach:

1. In der Outlook-Listenansicht markieren Sie die gewünschten Mails mit gedrückter `Strg`-Taste.
2. Anschließend klicken Sie auf den erwähnten grünen Button – alle ausgewählten Mails landen »in einem Rutsch« in Evernote.

Falls Sie lieber über die Webseiten Ihres Mailanbieters Ihre Post pflegen – Google Mail, Web.de oder GMX sind beliebte Dienste –, gibt es auch hier eine einfache Möglichkeit: Benutzen Sie die Funktion »Weiterleitung«, mit der Sie sonst eine Mail einem Dritten weitersenden. Nur tragen Sie in diesem Fall nicht den Namen einer Person ein, sondern die »persönliche Mailadresse«, die Ihnen Evernote zur Verfügung stellt (siehe Abschnitt 2.3.4).

2.3.7 Webcam, Audio und Handschrift einsetzen

Vor einigen Wochen hat sich jemand in meinem Bekanntenkreis ein Notebook zugelegt. Strahlend erklärte er, dass er sich auch gleich eine kleine Webcam dazugekauft habe, da er Skype nutzen wolle. Was er übersehen hatte: Sein Notebook hatte im Monitorrahmen schon eine kleine Cam integriert, ein Mikro war ebenfalls eingebaut. So könnte es auch Lesern gehen, die eben in ihrem Alltag keine Webcam nutzen und dadurch übersehen, dass das ein pfiffiges Hilfsmittel für Notizen ist. Denn Evernote erkennt Kameras – egal ob eingebaut oder extern angeschlossen. Statt NEUE NOTIZ wählen Sie NEUE WEBCAM-NOTIZ aus. Dann können Sie den Gegenstand, den Sie als Erinnerungsstütze ablichten möchten, vor die Linse halten: ein Zeitungsausschnitt, die Seite eines Buches, die Verpackung einer neuen Teesorte, einen Konzert-Flyer, das Weinetikett usw.

Der Evernote-Button wird automatisch eingeblendet, das Foto wandert in die neue Notiz, Text kann dazugeschrieben werden – eine flotte Angelegenheit.

Abb. 2.18: *Die Webcam verwandelt sich zur Schnappschussnotiz*

Wenn es nur um eine Audioaufnahme geht, stellen Sie eben auf AUDIO-NOTIZ um – und schon können Sie den Ohrwurm summen, auf dessen Titel Sie nicht kommen – und sich später noch mal darum kümmern …

Tipp

Inzwischen geht es sogar noch einen Schritt weiter: Bei der Evernote-App für Android-Smartphones oder -Tablets ist eine Diktierfunktion bereits eingebaut, die die Sprache in Text umwandelt. Möglich ist das aber auch bei iPhone und iPad, z.B. durch die App »Voice Assistant«. Wunder darf man zwar nicht erwarten – gerade was die Erkennung von Fachbegriffen oder Eigennamen betrifft –, aber insgesamt ist die Erkennungsrate doch überraschend hoch, sodass ein Test auf jeden Fall lohnenswert ist.

Im Menüpunkt NEUE NOTIZ können Sie die Option NEUE HANDSCHRIFTLICHE NOTIZ wählen. Gemeint sind damit jene Zeichentablets, die Grafiker oft verwenden. Kleinere Modelle, wie z.B. das Wacom Bamboo-Board, gibt es auch für den Privatanwender. Sie können damit Zeichnungen und Skizzen als Notizen anlegen – oder sogar via der eingebauten Windows-Handschriftenerkennung Ihren geschriebenen Text in einen Font umwandeln lassen.

2.3.8 Screenshots mit Evernote erstellen

Nicht immer kann man Informationen ausdrucken oder markieren, oft ist die Darstellung auf dem Bildschirm an sich wichtig: das neue Layout der Firmen-Webseite, ein Menüpunkt einer Textverarbeitung, den man seinem Kollegen schicken möchte, die zusammenfassende Bestellbestätigung auf einer Webseite usw. Für all diese Fälle ist es am einfachsten, einen Screenshot – früher oft »Hardcopy« genannt – zu erzeugen. Evernote bringt ein solches »Ausschnitt-Werkzeug« von Haus aus mit. Aktivieren können Sie es entweder über das Kontextmenü (rechte Maustaste) des Evernote-Icons oder mit der Tastenkombination [⊞]+[Druck]. Es öffnet sich ein Fadenkreuz, mit dem Sie – bei gedrückter linker Maustaste – das gewünschte Rechteck markieren. Unmittelbar nach dem Markieren erzeugt Evernote ein neues Notizblatt mit dem Ausschnitt und dem Titel BILDSCHIRM CLIP, den Sie natürlich anpassen und ändern können.

Tipp

Und da wir gerade bei nützlichen Tastaturkombinationen sind: Markieren Sie einmal wie gewohnt einen Text, z.B. in Word, und drücken Sie die Kombination [⊞]+[A]. Im Hintergrund wird die Markierung als Notiz aufgenommen, aber das Evernote-Fenster versperrt Ihnen nicht den Blick und Sie können ungestört in Ihrem Dokument weiterarbeiten.

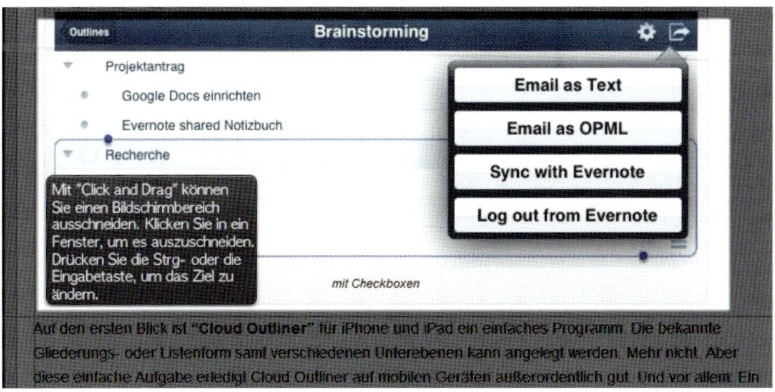

Abb. 2.19: *Evernote kann Screenshots erstellen*

Tipp

Sehr nützlich ist dieser Vorgang auch bei neuer Software, mit der man noch nicht vertraut ist – z.B. beim Umstieg von Word 2003 auf Word 2010. Alle Menüpunkte liegen plötzlich an einer anderen Stelle, durch Zufall hat man den Punkt gefunden, mit dem das Lineal eingeblendet wird – jetzt rasch ein Screenshot und man muss drei Tage später nicht von Neuem mit dem Suchen beginnen.

2.4 Informationen von Webseiten archivieren: Der Web Clipper

Schon lange ist das World Wide Web ebenfalls zu einer der wichtigsten Informationsquellen für Beruf und Alltag geworden. Ob wir Geschenke kaufen, etwas über ein Medikament wissen wollen, Fahrpläne oder Studienbedingungen nachschlagen möchten, das Web ist unentbehrlich für unseren Alltag geworden. Und Evernote ist das ideale Instrument, um all diese Informationen zu sammeln, zu ordnen und aufzubewahren. Dazu stellt Evernote für alle gängigen Browser eine Erweiterung zur Verfügung, den sogenannten Web Clipper.

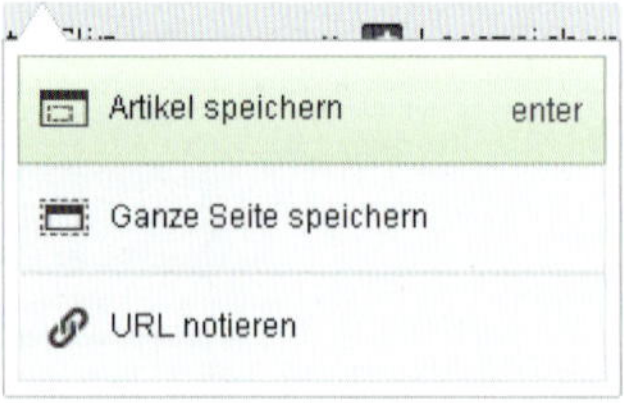

Abb. 2.20: *Sie haben die Wahl*

Abb. 2.21: *Informationen von Webseiten speichern*

Der Web Clipper verfügt über folgende Funktionen:

URL notieren

In diesem Fall wird einfach der Link in Evernote gespeichert, ohne weitere Inhalte. Wenn Sie dann später auf diesen Link klicken, landen Sie bei der Originalseite. Also ein Verfahren, das Sie von Lesezeichenlisten oder Bookmarkdiensten wie Delicious her kennen. (Nebenbei: Falls Sie mobile Endgeräte haben, können Sie auf diese Weise lange URLs transportieren und müssen später auf Ihrem Smartphone nicht umständliche Tipparbeit leisten.)

Ganze Seite speichern

Damit wird die Seite, die Sie gerade im Browser aufgerufen haben, fast eins zu eins in Evernote gespeichert – samt grafischen Inhalten, Texten, Menütiteln und Werbebannern. Lediglich kompliziertere Animationen oder komplexe Arten der Webseitenprogrammierung bleiben eventuell auf der Strecke – für 90 Prozent der üblichen Webinhalte funktioniert dieses Verfahren aber recht gut. Wenn Ihnen also eine Seite mit allen Elementen wichtig ist, so ist dies das Mittel der Wahl.

Artikel speichern

Meist sind Sie ja an dem zentralen Inhalt einer Seite interessiert – etwa an einem Artikel einer Onlinezeitung zu einem politischen Thema. Evernote erkennt solche Passagen einer Seite und bietet Ihnen an, nur diese zu übernehmen – also etwa einen Artikeltext samt den darin enthaltenen Bildern und den Links, aber ohne die Werbegrafiken im Seitenkopf oder am Seitenrand.

Sie können aber auch mit der Maus die Teile markieren, die Sie benötigen – etwa ein Foto samt den ersten Zeilen der Seite. Wenn Sie direkt im Anschluss an die Markierung den Web Clipper aufrufen, stellt dieser keine weiteren Fragen, sondern übernimmt die markierten Inhalte in Ihr Notizbuch.

Sie sind nur an einem bestimmten Element der Seite interessiert, z.B. einem Artikelfoto? Dann können Sie sich sogar das Markieren sparen. Lassen Sie den Mauszeiger einfach über diesem Foto schweben, drücken Sie die rechte Maustaste und wählen Sie AN EVERNOTE SENDEN.

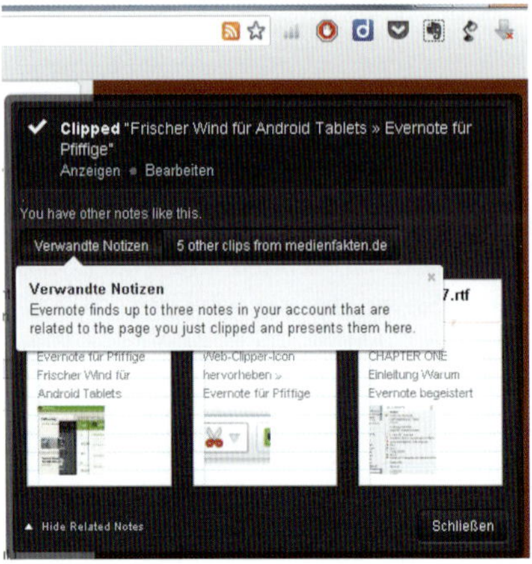

Abb. 2.22: *Der Web Clipper im Chrome-Browser*

So kommen Sie an den Web Clipper für Ihren Browser:

Die Web-Clipper-Funktion für den Internet Explorer wurde in diesen Browser bereits bei der Installation von Evernote eingefügt.

Für Firefox, Chrome und Safari hat Evernote die Erweiterungen auf einer speziellen Seite zusammengestellt:

http://evernote.com/webclipper/

Dort ist auch ein sogenanntes Bookmarklet zu finden, das mit fast jedem heutigen Browser zusammenarbeiten sollte. Unter einem Bookmarklet können Sie sich ein spezielles Lesezeichen vorstellen, das Sie einfach in die Favoritenleiste Ihres Browsers ziehen.

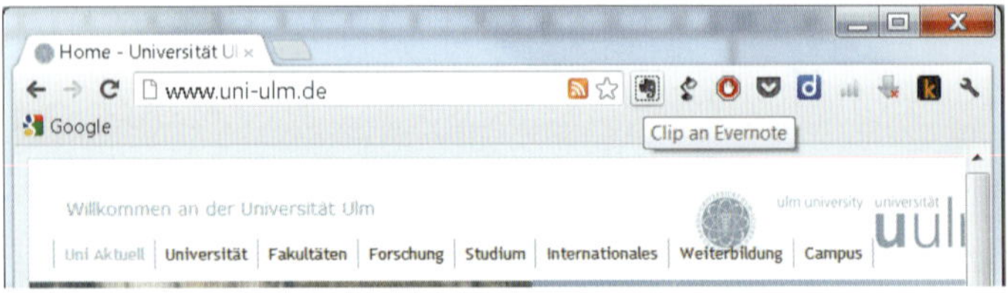

Abb. 2.23: *Der Web Clipper erscheint als kleines Icon neben der Adressleiste*

Hinweis

Die Web-Clipper-Erweiterung für den Chrome- bzw. Safari-Browser hat eine neue Funktion erhalten: Nach dem Speichern einer Webseite werden inhaltlich »passende« Notizen aus dem eigenen Archiv angezeigt. Die Thumbnail-Vorschau entspricht dabei jener, die schon länger von der iPad-App bekannt ist bzw. inzwischen Eingang in die Mac-Desktopanwendung gefunden hat (und wahrscheinlich demnächst auch unter Windows zu finden sein wird). Die Idee dabei ist, dass man dadurch eventuell an Notizen erinnert wird, die man schon wieder vergessen hat. Dabei kann Evernote natürlich keine Wunder vollbringen, aber in vielen Fällen passen die Fundstücke tatsächlich zum aktuellen Thema.

Der Web Clipper funktioniert übrigens auch in den Browsern mobiler Geräte. Dazu und zu den vielen Möglichkeiten mobiler Apps, Informationen an Evernote zu schicken, mehr in Kapitel 7.

2.5 Mehr aus Notizen machen – Inhalte kombinieren

Viele Anwender schöpfen die Möglichkeiten von Evernote nicht aus, weil sie noch das Bild von (Online-)Festplatten, Backup- oder Archivierungssystemen vor Augen haben. Doch Evernote hat gegenüber Systemen wie z.B. einer externen Festplatte oder dem Onlinedienst Dropbox einen entscheidenden Vorteil: Informationen können ihrerseits mit weiteren Informationen versehen werden.

Das klingt auf den ersten Blick sehr simpel, bringt aber in der Praxis eine große Erleichterung. Konkret bedeutet dies:

- Sie können den Inhalt von Notizen auch nach längerer Zeit noch korrekt interpretieren, wenn Sie etwa ergänzende Bemerkungen aufgenommen haben.
- Sie können unterschiedliche Medieninhalte, also etwa eine handschriftliche Notiz zu einem Musikstück, kombinieren und erhalten dadurch ganz neue Möglichkeiten.

- Evernote ergänzt Ihre Notizen automatisch, z.B. um eine Ortsangabe, sodass Sie weitere Möglichkeiten des Sortierens, Filterns und Auffindens haben.

2.5.1 Eine Notiz zur Notiz

Zunächst ein einfaches Beispiel, um das Prinzip zu verdeutlichen. Angenommen, Sie müssen für die Renovierung Ihres Hauses verschiedene Rechnungen, Vorauszahlungen, Kalkulationen usw. im Auge behalten. Dann können Sie die entsprechenden Dateien, also etwa eine Excel-Datei, in Evernote aufnehmen. Sie können aber Besonderheiten dazu notieren, ob z.B. Rückfragen beim Handwerker notwendig sind. Bei einer »normalen« Festplatte müssten Sie immer erst die Datei öffnen, um sie vor Augen zu haben und sich an den Kontext zu erinnern. Bei Evernote können Sie sich *eine Notiz zu der Notiz* anlegen. Und diese Informationen haben Sie immer sofort vor Augen – das ablenkende Öffnen mit externen Programmen ist in vielen Fällen gar nicht mehr nötig.

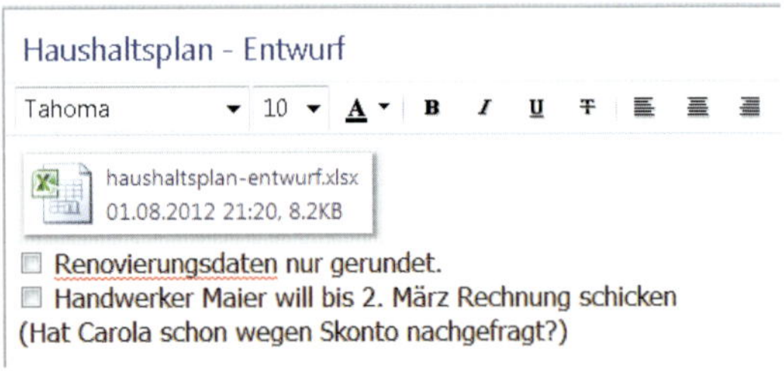

Abb. 2.24: *Notizen um weitere Informationen ergänzen*

Ein anderes, ebenfalls einfaches Beispiel ist die Ergänzung einer Notiz um eine Historie. Das hört sich jetzt etwas hochtrabend an, gemeint ist damit, dass Sie ja jede Notiz jederzeit um neue Informationen ergänzen können.

Nehmen wir den Fall von Telefonnotizen: Sie müssen einen bestimmten Gesprächspartner erreichen, kopieren sich vielleicht via Web Clipper die Telefondaten in eine Notiz, und werden wegen Urlaub, Dienstreisen usw. immer mit Kollegen verbunden, die unterschiedliche Auskünfte geben usw. Wenn Sie dann endlich den zuständigen Mann am anderen Ende der Leitung haben und dazu Ihre Notiz aufrufen, können Sie minutengenau erklären, was bisher geschehen ist, ohne in verschiedenen Papiernotizen zu wühlen.

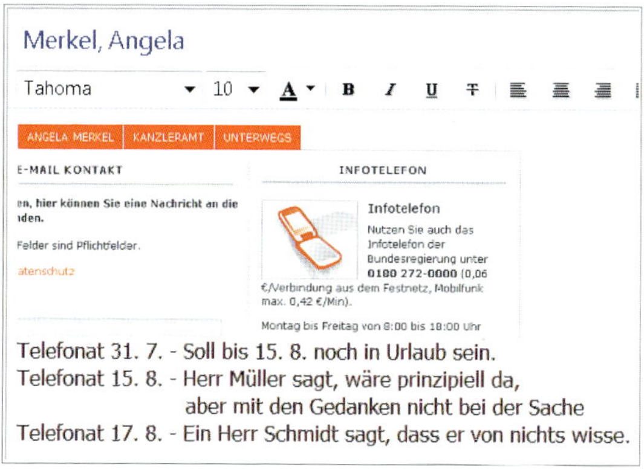

Abb. 2.25: *Mehrfache Ergänzung von Notizen*

2.5.2 Notizarten kombinieren

Ob Text, Datei, Foto, Video, Webinhalte – in Evernote können die unterschiedlichsten Inhalte aufgenommen werden. Die Stärke des Programms ist es, dass verschiedenartige Medien beliebig kombinierbar sind – und das auf die einfachste Weise: per Tastendruck!

Auch in diesem Fall werden die Vorteile am raschesten durch einige Beispiele deutlich. Nehmen wir an, dass Ihnen spätabends einfällt, dass Sie unbedingt noch ein Geburtstagsgeschenk für Ihre liebe Freundin Korinna benötigen. Da Sie um diese Zeit nicht mehr den Computer anwerfen wollen, notieren Sie auf einem Zettel, was infrage kommen könnte. Den Zettel fotografieren Sie noch kurz mit der Evernote-App (siehe Abschnitt 6.1.2) auf dem Smartphone – erledigt.

Am nächsten Tag fällt Ihnen in der Mittagspause wieder der Geburtstag ein, Sie sitzen ohnehin noch am Computer, stöbern ein wenig im Internet und halten via Web Clipper passende Geschenkideen fest, falls Sie sich nicht sofort entscheiden können. Diese Internetausschnitte »kleben« Sie einfach unter das Foto Ihrer handschriftlichen Liste. Da der Web Clipper ja getrennte Notizblätter erzeugt, haben Sie mehrere Möglichkeiten, die einzelnen Notizteile zusammenzubringen: Texte und Grafiken kopieren sowie mehrere Notizen verbinden.

Texte und Grafiken kopieren

Sie können in einer Notiz Elemente wie etwa das aus dem Web übernommene CD-Cover markieren und in der gewohnten Weise mit [Strg]+[C] oder dem Kontextmenübefehl KOPIEREN in die Zwischenablage übernehmen. Anschließend gehen Sie zur »Zielnotiz«, die alle Schnipsel aufnehmen soll, und fügen den Inhalt der Zwischenablage ein, etwa mit [Strg]+[V].

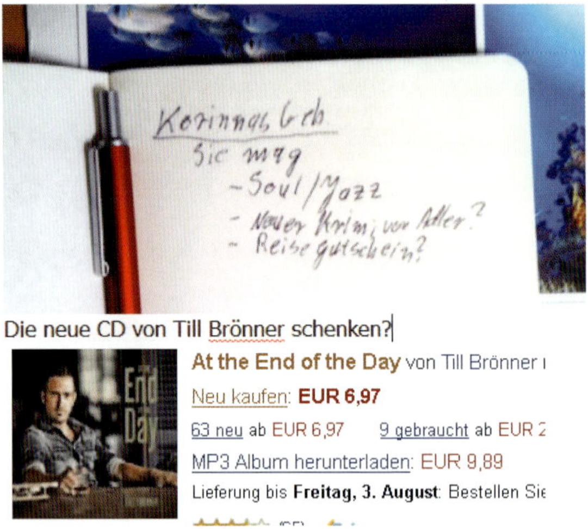

Abb. 2.26: *Verschiedene Notizenarten zusammenkopieren*

Mehrere Notizen verbinden

Mehrere Notizen, genauer bis zu fünf Einzelnotizen, lassen sich aber auch noch auf einem anderen Weg kombinieren. Sie markieren in der mittleren Vorschauleiste die gewünschten Notizen, wobei es unerheblich ist, ob diese direkt untereinander stehen oder »verstreut« sind. Die Markierung erfolgt in der üblichen Weise, indem Sie die Strg-Taste gedrückt halten und mit der linken Maustaste die Notizen anklicken.

Abb. 2.27: *Zunächst werden die gewünschten Notizen ausgewählt …*

Im gleichen Moment fächert Evernote die ausgewählten Blätter wie Spielkarten auf und stellt Ihnen einige Optionen zur Verfügung. Momentan interessiert uns nur der Punkt ZUSAMMENFÜHREN. Sobald Sie diesen angeklickt haben, werden die Notizen zu einer einzigen Notiz – mit blauem Trennbalken zwischen den Inhalten – verschmolzen.

Abb. 2.28: *... um dann mit einem Klick zu einer einzigen Notiz zu werden*

2.5.3 Notizen miteinander verknüpfen

Wenn Sie, wie im vorigen Abschnitt beschrieben, Notizen zusammenführen, werden die ursprünglichen Notizblätter gelöscht. Das ist so auch in den meisten Fällen gewollt, aber bei größeren Projekten hat eine andere Methode Vorteile: Sie können Notizblätter untereinander verlinken, also etwas, was Sie z.B. auch in der Wikipedia vorfinden.

»Verlinken« bedeutet, dass Sie lediglich einen Hyperlink zu einer Notiz einfügen, diese aber unangetastet lassen. Die verlinkte Notiz kann sich in einem anderen Notizbuch befinden und auch mehrfach verlinkt werden – ideale Voraussetzungen, um z.B. ein kleines Wissensmanagementsystem oder Handbuch zu erstellen, dazu später mehr (siehe Abschnitt 8.4). Jetzt soll uns nur das Vorgehen interessieren:

1. Sie markieren die zu verlinkende Notiz in der mittleren Vorschauleiste.
2. Mit der rechten Maustaste rufen Sie das Kontextmenü auf und wählen den Punkt LINK ZUR NOTIZ KOPIEREN.
3. Den Link können Sie nun aus der Zwischenablage heraus in jede andere Notiz einfügen.

Wenn Sie anschließend auf den Link klicken, landen Sie sofort in der Zielnotiz – einfacher geht es nicht.

Abb. 2.29: *Ein Link zu einer Notiz wird erzeugt*

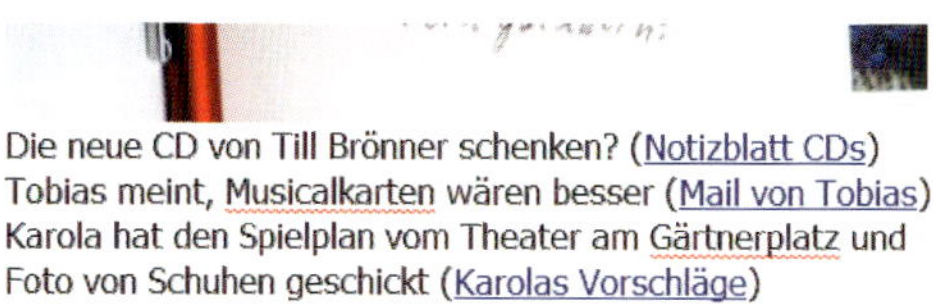

Abb. 2.30: *Beliebig viele Notizen können verlinkt werden*

Ideal ist dieses Vorgehen auch, um ein »Inhaltsverzeichnis« eines Notizbuchs zu erzeugen. Sie wählen zunächst ein Notizbuch aus, markieren dann mit [Strg]+[A] alle Notizen, rufen den Punkt LINKS DER NOTIZEN KOPIEREN auf und fügen in eine leere Notiz alle Verweise »in einem Zug« ein. Da beim Kopieren die Überschriften der Notizen übernommen werden, entsteht eine aussagekräftige Auflistung von Textzeilen.

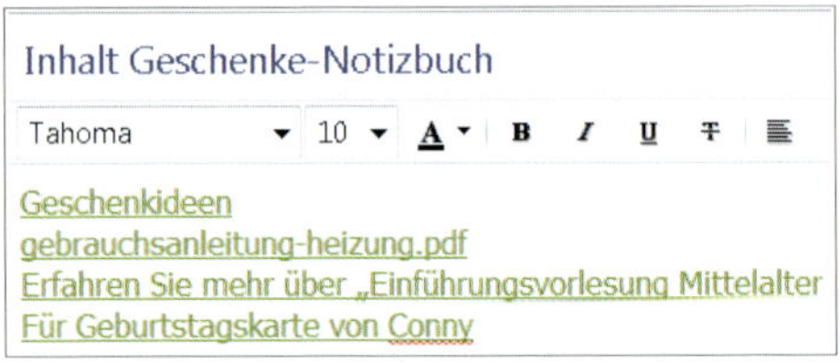

Abb. 2.31: *Inhaltsverzeichnis eines Notizbuchs*

Kapitel 3

Ordnen und Sortieren

3.1 Notizen sind Ansichtssache

Wir haben bereits gesehen, dass sich Evernote dem Betrachter sehr aufgeräumt darstellt: links eine Spalte mit den Namen der Notizbücher und Schlagwörter, rechts der große Bereich der einzelnen Notiz und in der Mitte eine kleine Vorschau auf alle Notizen oder – falls Sie zuvor ein Notizbuch ausgewählt hatten – auf alle Notizen des jeweiligen Notizbuchs. Diese mittlere Spalte kann in drei Varianten dargestellt werden. Schauen wir einmal, welche Vorteile die jeweilige Ansichtsart bringt.

3.1.1 »Ausschnitt«: Schnelles Auffinden

Die bekannteste Ansicht, die auch die Standardansicht nach der Installation ist, trägt die Bezeichnung AUSSCHNITT. Durch die Kombination von Notiztitel, Datumsangabe, ein paar Wörtern aus dem Textanfang und einem kleinen Vorschaubild ist sie besonders geeignet, um mit bloßem Auge – auch beim schnellen Durchscrollen – eine gesuchte Notiz zu entdecken.

Das Motiv für das kleine Bild ist entweder eine in der Notiz enthaltene Abbildung oder auch die erste Seite einer eingebundenen PDF-Datei. In anderen Fällen, wie bei einem Word- oder Excel-Anhang, wird das Standardicon für den jeweiligen Dateityp eingeblendet.

Abb. 3.1: *Rascher Überblick in der Ansicht* AUSSCHNITT

Tipp

Sehr praktisch für kleine Bildschirme oder den zweiten Monitor: Wenn Sie in der Vorschauansicht auf eine Notiz doppelklicken, öffnet sich diese in einem eigenen Fenster. Sie können also das Hauptprogramm, das mit seinen drei Spalten viel Platz einnimmt, minimieren und sich auf den Inhalt der ausgewählten Notiz konzentrieren.

3.1.2 »Vorschaubilder«: Mosaik aus Grafiken

Ähnlich wie bei einer Bildergalerie im Dateimanager werden hier die Vorschaubilder zu einem Mosaik aneinandergereiht. Was viele Anwender übersehen: Sie können die Bildergröße ganz einfach mit dem Scrollrad der Maus verändern – oder Sie lassen den Mauszeiger kurz über einem der Bilder »schweben«, dann wird ganz unten in der Statusleiste ein Zoomregler eingeblendet. Für Spezialfälle, wenn Sie z.B. ein Foto-Notizbuch führen, sicher ebenfalls nützlich, weniger für die übliche Text-Datei-Bild-Notizenkombination brauchbar.

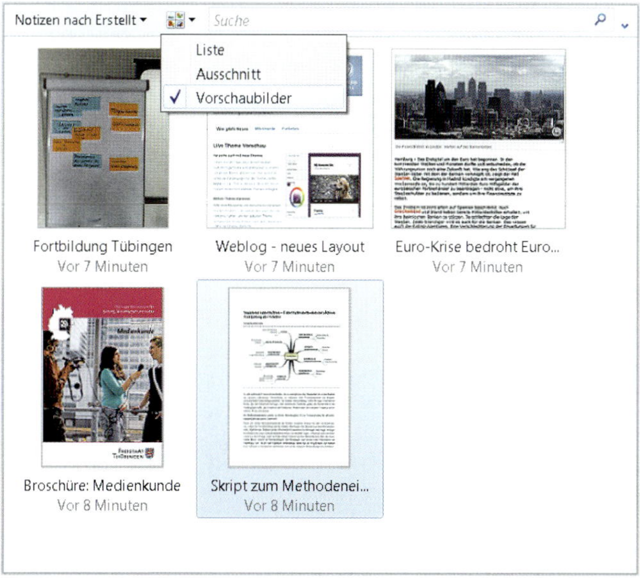

Abb. 3.2: *Mosaikähnliche Anordnung*

3.1.3 »Liste« – mächtig unterschätzt

Die dritte Option im Bunde, die Listen- oder Tabellenansicht, wird von vielen Anwendern eher selten genutzt, da sie ohne Bilder auskommt und einen »trockenen« Eindruck macht. Um darin eine Notiz zu finden, muss man den Text jeder Überschrift lesen, was – im Vergleich zu den beiden anderen Ansichten – umständlicher erscheint.

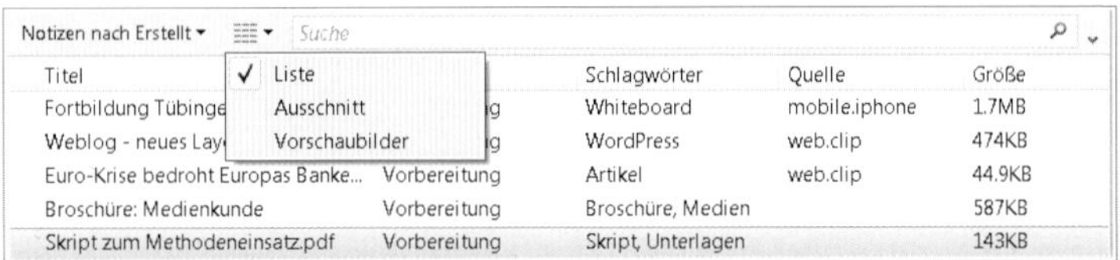

Abb. 3.3: *Listenansicht – oft unterschätzt*

Doch die Stärken der Listenansicht liegen auf einem anderen Gebiet: In ihr kann eine Vielzahl von Spalten eingeblendet werden: Region, Ort, Datum, Schlagwörter, Quellprogramm, Freigabeoptionen usw. Mit einem einfachen Häkchen können Sie sich die gewünschten Spalteninformationen aussuchen. Wie von anderen Tabellenprogrammen gewohnt, genügt nun ein Klick auf eine Spaltenüberschrift – und alle Notizen werden nach diesem Feldinhalt sortiert. Auf diese Weise stehen z.B. im Nu alle Notizen untereinander, die an einem bestimmten Tagungsort erstellt wurden, oder alle, die vom Webbrowser geliefert wurden.

16 Felder können ausgewählt und in beliebiger Reihenfolge angeordnet werden. Die Liste der Felder erhalten Sie, wenn Sie mit der rechten Maustaste einen Klick auf die Kopfzeile der Tabelle ausführen, danach können Sie die entsprechenden Auswahlhäkchen setzen. Spalten werden verschoben, indem Sie den Mauszeiger auf einer Spaltenüberschrift positionieren und die Spalte an die gewünschte Stelle verschieben. Ein Klick auf die Spaltenbezeichnung sortiert die Notizen, ein zweiter Klick führt den umgekehrten Sortiervorgang durch. Das ist ähnlich, wie man es beispielsweise auch von Dateiverzeichnislisten oder Excel-Tabellen her kennt.

Abb. 3.4: *Sortiermöglichkeiten*

Abb. 3.5: *Auswahl der Felder*

Titel	Größe
Broschüre: Medienkunde	587KB
Euro-Krise bedroht Europas Banke...	44.9KB
Fortbildung Tübingen	1.7MB
Skript zum Methodeneinsatz.pdf	143KB
Weblog - neues Layout	474KB

Abb. 3.6: *Sortiert nach Titel ...*

Titel	Größe
Euro-Krise bedroht Europas Banke...	44.9KB
Skript zum Methodeneinsatz.pdf	143KB
Weblog - neues Layout	474KB
Broschüre: Medienkunde	587KB
Fortbildung Tübingen	1.7MB

Abb. 3.7: *... oder nach Größe*

Übrigens können Sie bei Evernote seit einigen Versionen festlegen, ob Sie eine »horizontale« oder eine »vertikale« Listenansicht bevorzugen. Mit »horizontal« ist die Aufteilung gemeint, die manche noch von alten Outlook-Versionen oder Thunderbird kennen: die Tabelle in der oberen Bildschirmhälfte, die Notizansicht in der unteren. Deutlich mehr Zeilen sieht man in der vertikalen Ansicht: Hier wandert die Tabelle in die mittlere Spalte, die Notizansicht ist rechts daneben. Alles, was Sie tun müssen, um zwischen diesen beiden Ansichten umzuschalten: Halten Sie die `Shift`-Taste gedrückt, wenn Sie auf das Wort LISTE klicken.

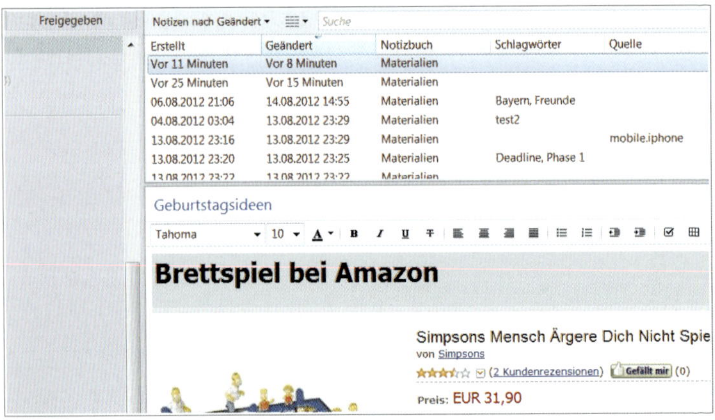

Abb. 3.8: *Horizontale Listenansicht*

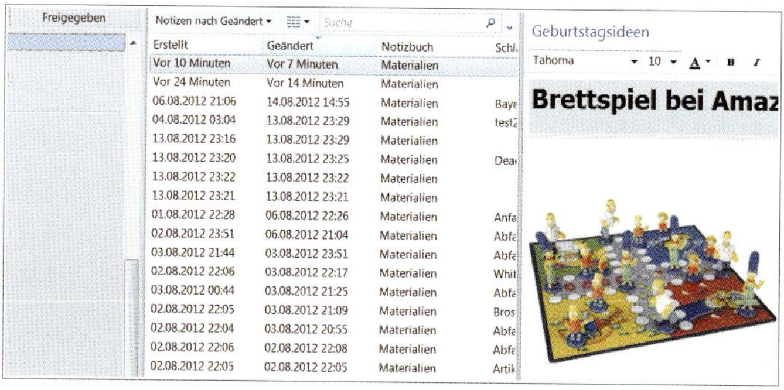

Abb. 3.9: Vertikale Listenansicht

Tipp

Wenn Sie die Liste nicht nur nach einem Schlagwort, sondern als zweites Sortierkriterium nach dem Datum ordnen wollen, so haben Sie folgende Möglichkeit:

Führen Sie einen Suchvorgang mit dem gewünschten Schlagwort, z.B. »Beruf« durch – nur diese Einträge bleiben in der Tabelle stehen. Nun klicken Sie auf die Spalte »Datum« – und schon sind alle Notizen mit diesem Schlagwort nach Datum sortiert.

3.1.4 Notizen blitzschnell zur Hand: Die Favoritenleiste

Unterhalb der Menüleiste von Evernote haben Sie wahrscheinlich schon eine zweite Leiste entdeckt, die mit Punkten wie NOTIZBÜCHER, TAGS, WEB-CLIPS usw. beginnt. Sie können in diese Leiste weitere Punkte aufnehmen; dabei kann es sich um Notizblätter, Schlagwörter oder auch um gespeicherte Suchvorgänge (siehe Abschnitt 5.5) handeln.

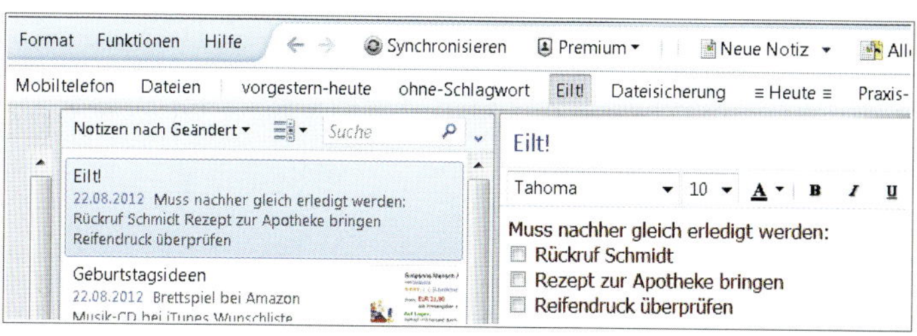

Abb. 3.10: Wichtige Notizen auf der Favoritenleiste einfügen

Sie ziehen einfach per Drag & Drop aus der mittleren Vorschau-Spalte eine Notiz auf die Favoritenleiste. Der Titel der Notiz ergibt den neuen Menüpunkt. Genauso verfahren Sie mit gespeicherten Suchvorgängen, die Sie diesmal aus der linken Spalte auf die Favoritenleiste ziehen.

Die Favoritenleiste ist eine ungemein praktische Angelegenheit. Ich habe dort z.B. eine »Schnell-Notiz« liegen mit den wichtigsten Punkten des Tages. Auf diese Weise muss ich die Notiz nicht erst in der Vorschau oder in einem Notizbuch suchen – ein Klick genügt und der Inhalt ist sofort zur Hand.

3.2 Von Notizbüchern und Schlagwörtern

Evernote hilft, mit einer einfachen, aber sehr effizienten Struktur den Überblick zu bewahren – gleich, ob Sie damit nur eine kleine Sammlung oder große Datenbestände verwalten wollen. Daher bleiben Ihnen eine Unzahl von Menüpunkten, Reitern, Unterseiten, Buttons usw. erspart. Das Prinzip von Evernote erinnert eher an das schlichte Ringbuch, das Sie noch von Ihrer Schulzeit her kennen – allerdings ergänzt um ausgesprochen clevere Ordnungsfunktionen.

3.2.1 Notizbücher

Sie werden vielleicht zu Anfang einige Notizbücher anlegen wollen, damit Sie neue Notizen in entsprechende Rubriken aufnehmen können. Das Einrichten eines Notizbuchs ist sehr einfach: Sie markieren in der linken Spalte das Wort NOTIZBÜCHER, drücken die rechte Maustaste und wählen den Punkt NOTIZBUCH ERSTELLEN.

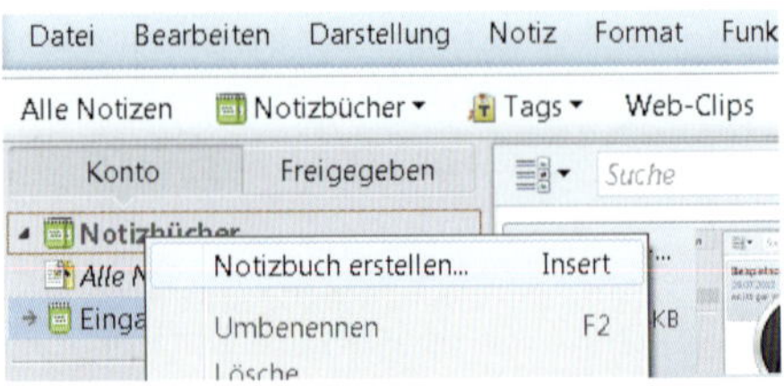

Abb. 3.11: *Neues Notizbuch anlegen*

Es erscheint ein Auswahlfenster, bei dem Sie zwischen lokalen, synchronisierten und Standardnotizbüchern unterscheiden können. Für den Moment belassen Sie es bitte bei der bereits angekreuzten Vorgabe SYNCHRONISIERTES NOTIZBUCH.

Hinweis

Was ist ein Standardnotizbuch?

Mit der Auswahl ALS STANDARDNOTIZBUCH VERWENDEN würden Sie ein neues »Eingangskörbchen« bestimmen. Standardnotizbuch bedeutet einfach, dass all jene Notizen zunächst in diesen Ordner kommen, die nicht an ein bestimmtes Notizbuch adressiert sind. Wenn Sie über andere Anwendungen, beispielsweise die Foto-App auf Ihrem Smartphone, Notizen zu Ihrem Evernote-Account schicken, werden diese Notizen zunächst in Ihrem Standardnotizbuch abgelegt. Ein Wechsel kann sinnvoll sein, wenn Sie z.B. gerade mit einem Projekt beschäftigt sind und dazu besonders viel Material sammeln. Dann können Sie für die Recherchezeit die Standardeinstellung z.B. vom Notizbuch EINGANGSKORB auf das Notizbuch BUCHPROJEKT ändern, sodass alle Webrecherchen, PDF-Dateien usw. direkt im Projektordner landen und Sie die Materialien nicht erst vom Eingangskorb umsortieren müssen.

Nun müssen Sie nur noch OK anklicken und das neue Notizbuch ist fertig. Mit diesem Vorgehen haben Sie ein Notizbuch auf der »oberen« Ebene erstellt. In vielen Fällen wird diese Art von Notizbüchern auch ausreichend sein. Sollten Sie eine weitere Untergliederung wünschen, erzeugen Sie einen Notizbuchstapel, dazu gleich mehr.

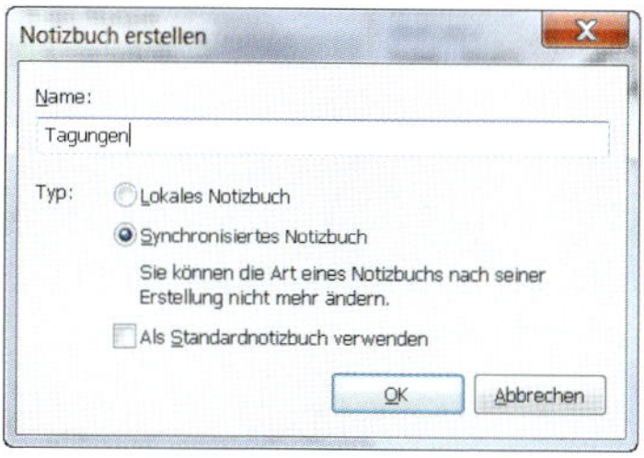

***Abb. 3.12:** Ein Name für das Notizbuch*

Achten Sie darauf, Ihren Notizbüchern aussagekräftige Titel zu geben. Sie fahren oft zu Tagungen? Dann sortieren Sie alle entsprechende Notizen –

Fahrpläne, Hotelreservierungen, Tagungsprogramm, Anmeldebestätigung – in ein Notizbuch mit dem Namen TAGUNGEN ein.

Sie stoßen oft auf Kochrezepte, die Sie bei Gelegenheit einmal ausprobieren möchten? Also erstellen Sie ein Notizbuch mit dem Etikett REZEPTE – Zutatenlisten, Bilder aus dem Web, Zubereitungsanweisungen, Einkaufslisten, das alles wandert in dieses Notizbuch.

Bei besonders umfangreichen Notizsammlungen kann es sein, dass Ihr Notizbuch zu unübersichtlich wird. Kein Problem: Sie können »Unternotizbücher« erzeugen – es entstehen *Notizbuchstapel*.

In unserem Beispiel kann das Notizbuch TAGUNGEN die weiteren Notizbücher TAGUNG BERLIN und TAGUNG KÖLN enthalten. Das Rezeptnotizbuch bekommt die Teile VORSPEISEN, VEGETARISCHE GERICHTE und DESSERTS usw.

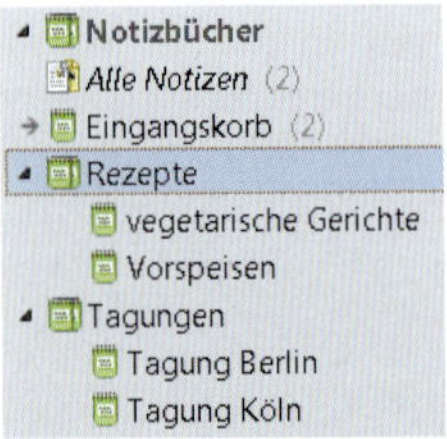

Abb. 3.13: *Auch »Unternotizbücher« können eingerichtet werden*

Bei der ersten Einrichtung eines Stapels müssen Sie ein wenig umdenken. Es funktioniert nämlich nicht so, dass Sie zunächst einen leeren Stapel und danach die dazugehörigen Notizbücher erzeugen. Ein »normales« Notizbuch muss praktisch vorhanden sein – oder kurz nach der eben beschriebenen Methode angelegt werden. Ob es bereits Notizen beinhaltet oder leer ist, ist unerheblich.

Nun markieren Sie mit der linken Maustaste dieses Notizbuch, klicken mit der rechten Maustaste darauf und wählen aus dem Kontextmenü ZUM STAPEL HINZUFÜGEN, NEUER STAPEL.

Es erscheint eine Überschrift NOTIZBUCH-STAPEL, darunter aufgeführt ist Ihr ausgewähltes Einzelnotizbuch. Da die Bezeichnung NOTIZBUCH-STAPEL wenig aussagekräftig ist, markieren Sie diese Bezeichnung und wählen aus dem Kontextmenü (rechte Maustaste) UMBENENNEN. Jetzt können Sie dem Stapel einen neuen Namen geben.

In unserem Beispiel existiert das Notizbuch TAGUNG BERLIN, ein neuer Stapel mit dem Namen TAGUNGEN wurde angelegt.

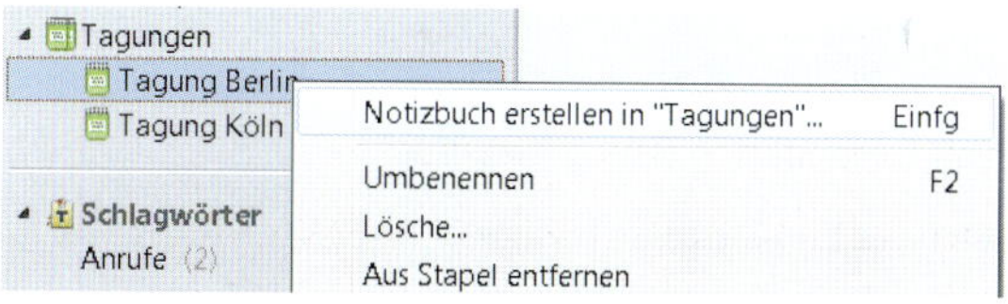

***Abb. 3.14:** Notizbuchstapel anlegen*

Sobald der Stapel einmal angelegt ist, haben Sie mehrere Möglichkeiten, darin neue Unternotizbücher aufzunehmen: Wenn Notizbücher schon bestehen, können Sie diese mit gedrückter Maustaste einfach in den Stapel hineinziehen. Alternativ wählen Sie aus dem Kontextmenü des zu verschiebenden Notizbuchs ZUM STAPEL HINZUFÜGEN, TAGUNGEN.

Sie können aber auch das Kontextmenü des Stapels mit der rechten Maustaste öffnen. Diesmal erscheint der Punkt NOTIZBUCH ERSTELLEN IN "XYZ", sodass Sie direkt in einem Stapel ein leeres Notizbuch erstellen können.

3.2.2 Schlagwörter

Jede Notiz kann mit Schlagwörtern versehen werden, also Stichwörtern, Etiketten oder – wie sie im englischsprachigen Raum oft genannt werden – sogenannten Tags. Diese Schlagwörter sind eine ungemein praktische Angelegenheit. Wenn man jeder Notiz nur ein Stichwort beigeben könnte, wäre das ein recht starres System und hätte keine Vorteile gegenüber Papierordnern. Dort können Sie ja jedes Blatt nur in einen Ordner legen (oder Sie fertigen eine Fotokopie an). Jedes »Notizblatt« könnte sich dann nur in einem Ordner oder »Hefter« befinden. Was mache ich aber, wenn mir das Foto, das ich bei meinem letzten Spaziergang von einem Konzertplakat aufgenommen habe, verschiedenen Zwecken dienen soll? Es soll mich an ein bestimmtes Datum erinnern (die Veranstaltungszeit). Gleichzeitig hilft es mir, daran zu denken, dass die Konzertkarten ein ideales zusätzliches Geburtstagsgeschenk für eine Bekannte sind. Und schließlich darf ich nicht vergessen, im Theater anzurufen, ob überhaupt noch Karten vorhanden sind.

Ganz einfach: Ich vergebe die Schlagwörter TERMINE, STEFFI (so heißt die Bekannte) und ANRUFE.

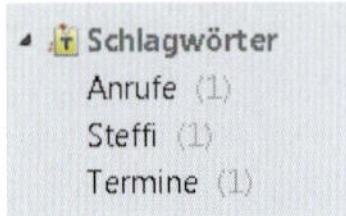

***Abb. 3.15:** Schlagwörter für die Notiz*

Mit dem Etikett STEFFI habe ich schon diverse andere Geschenkideen versehen (den Amazon-Screenshot eines Krimis, die Notiz mit dem Namen eines Weines, von dem ich weiß, dass er Steffi schmecken könnte). Und unter ANRUFE habe ich all jene Angelegenheiten eingeordnet, die am nächsten Tag per Telefon zu erledigen sind. Wenn ich am nächsten Werktag auf das Schlagwort ANRUFE klicke, taucht auch das Konzertfoto auf. Nach erledigtem Anruf kann ich das Schlagwort entfernen und das Foto mit ein paar Worten ergänzen, z.B. `Karten müssen 1 Stunde vor Beginn abgeholt werden`.

***Abb. 3.16:** Konzertplakat mit Schlagwörtern*

Frage ich mich hingegen am Wochenende, was ich Carola, Felix und Steffi zu ihren Geburtstagen eigentlich schenken wollte, klicke ich auf das

Schlagwort STEFFI und atme erleichtert auf – dieses Geschenk habe ich ja schon besorgt.

Sie sehen also: Immer handelt es sich um die gleiche Notiz, die durch die Schlagwörter »mehrfach« verwendet werden kann, ohne dass ich sie kopieren oder doppelt anfertigen müsste.

Tipp

Bei intensivem Gebrauch von Evernote wächst die Schlagwortliste ganz schön und man verliert leicht den Überblick. Wenn Sie aber z.B. in dem Notizbuch STEUERANGELEGENHEITEN arbeiten, benötigen Sie ja nicht die Tags EINKAUFSLISTE, ROMAN SCHREIBEN oder GEBURTSTAGE, sondern nur jene, die die Inhalte des ausgewählten Notizbuchs betreffen. Sie können ganz leicht alle anderen ausblenden:

1. Klicken Sie das betreffende Notizbuch an.
2. Deaktivieren Sie im Hauptmenüpunkt DARSTELLUNG die Option NICHT ZUGEWIESENE SCHLAGWÖRTER ANZEIGEN (Häkchen weg).

Erledigt. Bei jedem Notizbuch, das Sie jetzt anklicken, werden nur die Schlagwörter des jeweiligen Notizbuchs angezeigt.

Auf ähnliche Weise, wie Sie Notizbücher stapeln können, können Sie auch Untergruppen von Schlagwörtern bilden. Diese Gruppen werden ebenfalls durch Einrückungen angezeigt. Es gibt aber einen entscheidenden Unterschied: Während Sie bei Notizbüchern nicht mehr als eine Unterebene bilden können, gibt es bei Schlagwörtern diese Einschränkung nicht. Sie können also beispielsweise folgende Struktur für Ihre Schlagwörter wählen:

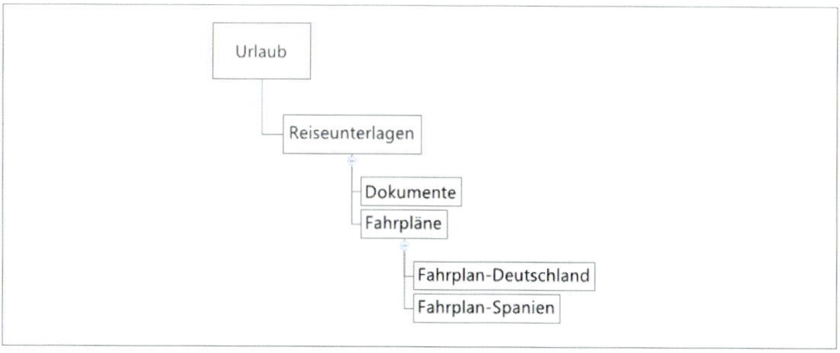

***Abb. 3.17:** Schlagwörter strukturieren*

Das sieht in Evernote dann so aus:

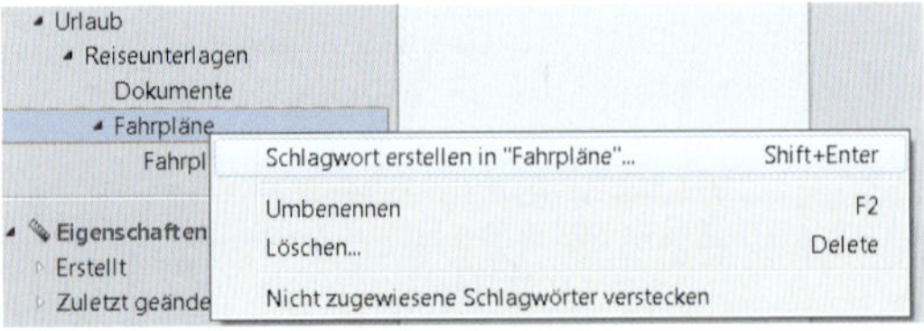

Abb. 3.18: *Schlagwörter können mehrere Ebenen aufweisen*

Hinweis

Jedes Schlagwort darf nur einmal vorkommen. Sie können also nicht die Hierarchie bilden:

– REISEUNTERLAGEN-USA

– – DOKUMENTE

– REISEUNTERLAGEN-ITALIEN

– – DOKUMENTE

Der Begriff DOKUMENTE kommt in diesem Beispiel zweimal vor. Wenn Sie aber die Schlagwörter unterschiedlich ergänzen, also etwa DOKUMENTE-USA und DOKUMENTE-I klappt es mit den Verzweigungen.

3.3 Praxisbeispiel »Homeoffice«

Gedanklich sortiert man ganz automatisch Informationen und Daten nach bestimmten Kriterien. Dabei kann sich beispielsweise eine räumliche Struktur abbilden (Büro, Arbeitszimmer zu Hause), eine chronologische (Urlaubserinnerungen, Termine) oder eine thematische (Projektantrag, Rezepte). Insbesondere verändert sich unsere Arbeitswelt, immer mehr Arbeitnehmer arbeiten an beruflichen Projekten auch zu Hause weiter. Eine typische Notizbuchstruktur für jemanden, der Evernote im Homeoffice-Bereich einsetzt, könnte also so aussehen wie in Abbildung 3.19.

Berufliche Notizbücher werden sich in der Regel mit aktuellen Projekten befassen oder auf Unterlagen ausgerichtet sein, die man immer zur Hand haben möchte. Durch die Synchronisation über den Evernote-Dienst haben Sie an jedem Ort den aktuellen Stand zur Hand: Wurde also an einem Word-Dokument eine Ergänzung auf dem Mac-Rechner im Büro vorgenommen, können Sie zu Hause sofort die Datei mit Ihrem Windows-PC weiterbearbeiten. Benötigen Sie bei einem Telefonat unterwegs die letzte Statistik, können Sie mit Ihrer Smartphone-App die Protokolle nachschlagen usw.

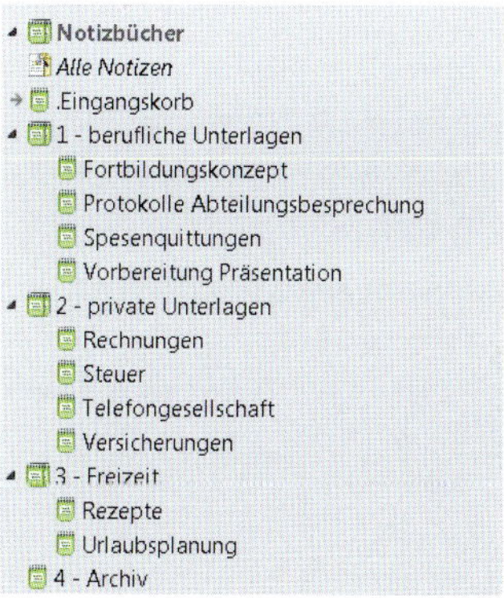

Abb. 3.19: *Notizbücher ordnen Arbeitsbereiche*

Bei den privaten Unterlagen werden Sie eine ähnliche Struktur vorziehen, die Sie vielleicht schon als Aktenordner im Regal stehen haben – also Steuerunterlagen, Versicherungsdaten usw. Aber da mit Evernote ein neuer »Aktenordner« in Sekundenschnelle erstellt ist, lohnt es sich, auch die Informationen zu Ihren Freizeitaktivitäten (Vereinsarbeit, Urlaubsunterlagen, Rezeptideen) in Notizbüchern einzusortieren.

Schlagwörter kommen immer ins Spiel, wenn ich eine Information in mehreren Bereichen gleichzeitig benötige. »Spesenquittungen« sind ein gutes Beispiel. Diese entstehen ja in der Regel in beruflichen Zusammenhängen und haben daher ihren Ort im Notizbuchstapel BERUFLICHE UNTERLAGEN, um sie z.B. bei der Reisekostenabrechnung einzureichen. Bei diesen Dokumenten ist es aber sehr gut möglich, dass ich sie auch in meiner Steuererklärung berücksichtigen möchte, sodass ich die gleiche Information zu gegebener Zeit rasch finden möchte, ohne einzelne Notizbücher durchsuchen zu müssen. Also vergebe ich einfach zusätzlich das Schlagwort STEUER, und schon entgeht sie mir nicht bei der Erklärung. Hier ein Beispiel mit Schlagwörtern, die im Alltag oft nützlich sind:

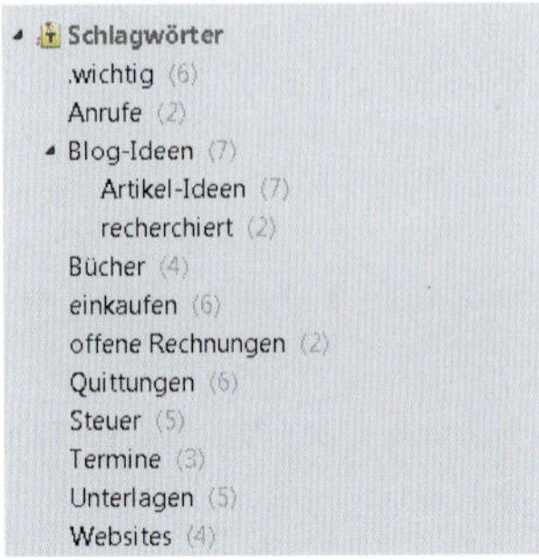

Abb. 3.20: *Schlagwörter bündeln Informationen*

Etwas, was »wichtig« ist, kann ja sowohl den beruflichen als auch den privaten Haushalt betreffen, bei den anstehenden »Terminen« kann es sich um einen wichtigen Abgabetermin für eine Examensarbeit oder den Konzertbesuch handeln, mit dem Sie Ihre Partnerin überraschen möchten. Durch ein Schlagwort können Sie auf einfache Weise Informationen aus unterschiedlichen Notizbüchern »zusammenziehen« und haben sie so rasch vor Augen.

Tipp

Der Einsatz von Sonderzeichen kann bei der Namensgebung von Notizbüchern oder Schlagwörtern sehr nützlich sein. Ein einfacher Punkt oder ein Ausrufezeichen zu Beginn des Namens führt beispielsweise dazu, dass der Begriff an erster Stelle in der Liste steht. Oder man stellt Ziffern voran, sodass die gewünschte Reihenfolge unabhängig von der alphabetischen Sortierung eingehalten wird.

3.4 Ordner unter Beobachtung

Im Laufe der Zeit werden Sie sich eine Verzeichnisstruktur auf der Festplatte eingerichtet haben, die Ihren Anforderungen entspricht: berufliche Dateien in Projektordnern, private Dateien auf einer anderen Partition, Urlaubsbilder im Fotoverzeichnis usw. Nun könnten Sie natürlich z.B. per Drag & Drop benötigte Dateien in Evernote speichern. Doch dazu müssen Sie sich immer wieder durch den »Verzeichnisdschungel« Ihrer Festplatte hangeln. Gerade wenn es ein Pfad ist, in dem sich häufig etwas tut, kann es wesentlich nützlicher sein, wenn Sie sich um den Import gar keine Gedanken machen müssen. Vielleicht haben Sie sich im Zuge des »papierlosen Büros« angewöhnt, neue Papierdokumente regelmäßig einzuscannen? Wenn Sie Evernote den Pfad mitteilen, auf dem Ihr Scanner die eingescannten Dokumente speichert, nimmt das Programm automatisch jede neue Datei in die Datenbank auf. Sie können sogar einstellen, dass Evernote direkt danach die Festplattendatei löscht, sodass Sie keine unnötigen Doppelungen erzeugen.

Im Unterschied zu ähnlichen Ordnerimporten von anderen Programmen, z.B. Dropbox, wird der Vorgang nicht auf einen bestimmten Pfad beschränkt. Sie können beliebig viele Pfade gleichzeitig überwachen lassen, gleichgültig, ob sich diese auf Festplatte C, D oder USB-Stick X befinden.

3.4.1 Ordnerimport einrichten

Rufen Sie im Menü FUNKTIONEN, den Befehl ORDNER IMPORTIEREN auf. Es öffnet sich ein Popup-Fenster mit dem Button HINZUFÜGEN. Wenn Sie diesen anklicken, erscheinen die vom Explorer gewohnten Festplattenbuchstaben und Dateiverzeichnisse. Mit der linken Maustaste markieren Sie das gewünschte Verzeichnis. Damit erscheint die Pfadangabe im Evernote-Popup-Fenster. Daneben gibt es drei weitere Spalten mit Voreinstellungen. Wenn Sie direkt auf die Voreinstellungen klicken, öffnet sich jeweils ein kleines Auswahlmenü. Einstellen können Sie damit folgende Punkte:

1. Sollen alle Unterverzeichnisse ebenfalls überwacht werden? Wird beispielsweise der Ordner C:\URLAUB überwacht und Sie speichern im Unterordner C:\URLAUB\SPANIEN ein Foto, wird dies in der Standardeinstellung von Evernote ignoriert – im anderen Fall wird auch diese Datei aufgenommen.
2. Sehr praktisch ist es, dass Sie jedem überwachten Ordner ein eigenes Notizbuch zuordnen können. Während also die Spanienbilder im Notizbuch FOTOS erscheinen, werden die Dateien Ihres USB-Sticks K:\DOKUMENTE automatisch zum Notizbuch BERUF umgeleitet.
3. Schließlich können Sie noch dafür sorgen, dass die Datei sofort nach der Aufnahme in Evernote vom Pfad gelöscht wird oder auf der Festplatte verbleibt.

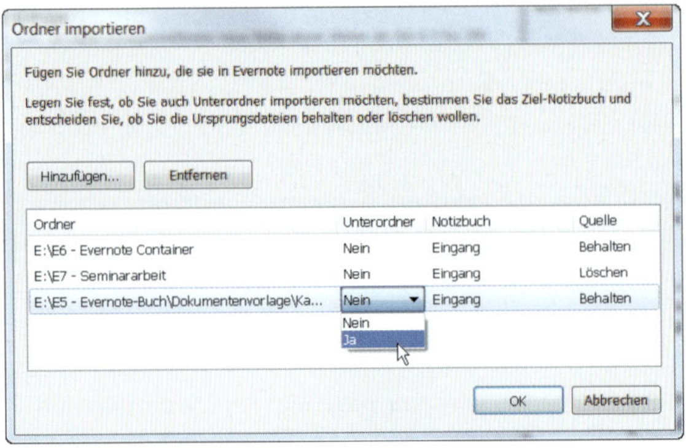

Abb. 3.21: *Ordner können vielfältig überwacht werden*

3.4.2 Live-Update – darauf müssen Sie achten

Von reinen Synchronisierungsprogrammen sind Sie es vielleicht gewohnt, dass nach jeder Änderung an einer Datei die vorherige Version im Online-Archiv überschrieben wird. Sie behalten damit eine einzige Dateiversion. Wenn Sie hingegen bei einem von Evernote überwachten Verzeichnis Änderungen an einer Datei vornehmen und diese wieder im gleichen Ordner speichern, legt Evernote eine neue Notiz mit Dateianhang an, sodass es leicht passieren kann, dass Sie plötzlich vier- oder fünfmal Ihre Datei – in verschiedenen Bearbeitungsstadien – in Evernote finden. In manchen Fällen kann dies gewünscht sein, wenn Sie etwa die Entstehung eines Textes in verschiedenen Phasen archivieren möchten. Die meisten Anwender bevorzugen jedoch ein einziges Exemplar ihrer Datei. Dies ist auch mit Evernote möglich, nur müssen Sie nach dem ersten Import die betreffende Datei auf einem anderen Weg öffnen und speichern, ein Verfahren, das Evernote »Live-Update« nennt: Sie rufen die Datei direkt mit einem Doppelklick aus Evernote heraus auf, nehmen Ihre Veränderungen vor und geben den Speicherbefehl. Dabei wird eventuell ein längerer temporärer Pfad angezeigt – kümmern Sie sich nicht darum, sondern bestätigen Sie einfach das Überschreiben. Auf diese Weise bleibt es bei der einen Notiz.

Tipp

Für den Browser Firefox gibt es eine Erweiterung, die ausgezeichnet mit der Evernote-Importfunktion zusammenarbeitet: Sie trägt den Namen »Save File to« und ist im Firefox-Add-on-Portal zu finden (*https://addons.mozilla.org/*). Nach der Installation können Sie damit die gleichen Überwachungspfade vorgeben, die Sie bereits bei Evernote eingetragen haben. So ersparen Sie sich beispielsweise bei einer intensiven Internetrecherche, bei der Sie viele Dateien aus dem Web speichern, das »Hangeln« durch die Verzeichnispfade.

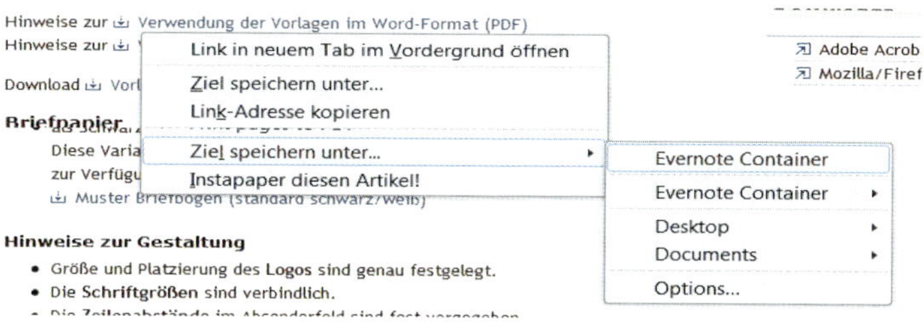

Abb. 3.22: *Firefox-Erweiterung »Save File to«*

Kapitel 4

Teilen und Zusammenarbeiten

In Zeiten sozialer Netzwerke ist das (Mit-)Teilen seiner Informationen zum Alltag geworden – allerdings auch mit erheblichen Nachteilen, was Datensicherheit und Privatsphäre betrifft. Denn wenn es zum Kern eines Dienstes gehört, dass alle möglichen Personen – Freundeskreise, Buddies und wie immer sie heißen mögen – möglichst leicht und bequem Zugang zu gespeicherten Daten erhalten sollen, werden oft Schleusen geöffnet, die später nur wieder schwer zu schließen sind.

Evernote unterscheidet sich in diesem Punkt erfreulich deutlich: Sinn und Zweck von Evernote ist in erster Linie das Verwalten persönlicher und vertraulicher Daten, sodass Evernote mit einer Öffnung eher behutsam umgeht. Das mag zwar gegen den Zeitgeist sein, hat aber zur positiven Folge, dass in all den Jahren des Bestehens von Evernote weder die Rede von »Datenpannen« noch sonstigen Angriffen die Rede war.

Nun kann es aber gute Gründe geben, einzelne Notizen, Teile seines Archivs oder Notizbücher für eine Gruppe oder für die Öffentlichkeit zugänglich zu machen.

- Jemand benötigt Informationen, die Sie bereits in Evernote archiviert haben – Sie wollen diese mit einem Klick zugänglich machen.
- Sie planen ein Fortbildungsseminar und haben alle Ihre Materialien in Evernote archiviert – die Seminarteilnehmer sollen die Materialien unkompliziert zu Gesicht bekommen.
- Sie besuchen eine Messe, machen Aufnahmen, kommentieren diese und möchten, dass Ihre Arbeitskollegen im heimischen Betrieb möglichst zeitnah ein Auge darauf werfen können.
- Sie erleben einen tollen Urlaub, machen Fotos, nehmen Töne auf, speichern Ausschnitte aus Google Maps ab und möchten, dass Ihre Familie und Ihre Freunde ein solches »Urlaubsnotizbuch« einsehen können.
- Sie sind ein toller Koch, zaubern wunderbare Gerichte, die Sie auf digitale Fotos bannen, und möchten der Welt zeigen, wie man in Jungingen-Süd speist und trinkt.

Für all diese Zwecke – ja, auch an die Facebook- und Twitter-Freunde ist gedacht – stellt Evernote eine Reihe von Möglichkeiten zur Auswahl. Schauen wir uns die entsprechenden Funktionen nun näher an.

4.1 Evernote kann E-Mails verschicken

Wenn es um einen einzelnen Notizinhalt geht, rufen Sie in der Voransicht mit der rechten Maustaste das Kontextmenü der Notiz auf, wählen den Punkt FREIGEBEN und anschließend PER E-MAIL VERSENDEN.

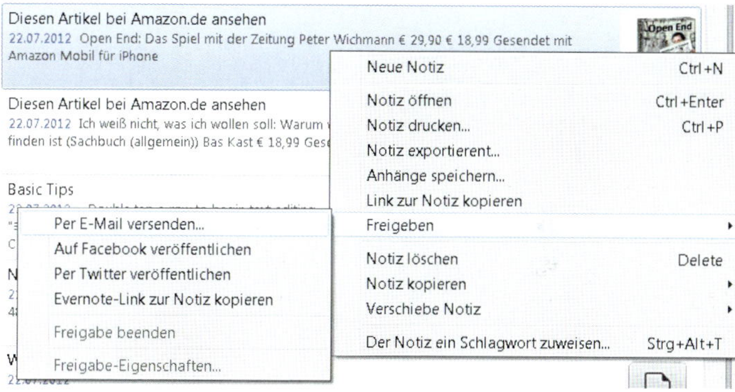

***Abb. 4.1:** Schnell verschickt – die Einzelnotiz*

Für mehrere Anlagen haben Sie das Verfahren bereits kennengelernt: Sobald Sie einige Notizen in der Voransicht markieren, werden diese »spielkartenförmig« aufgeblättert und mit einem zusätzlichen Menü versehen.

Diesmal wählen Sie den Punkt E-MAIL aus, woraufhin ein kleines Eingabefenster erscheint. Darin geben Sie die Mailadresse des Empfängers ein und schreiben einen kleinen Begleittext. Fertig.

Auf diese Weise sind Sie sehr viel schneller, als erst umständlich die Materialien auf der Festplatte zu speichern, Ihr Mailprogramm zu öffnen, eine neue Mail zu starten, die Anhänge in diese Mail aufzunehmen usw. (obgleich Sie diesen Vorgang etwas verkürzen könnten, indem Sie via Drag & Drop Materialien von Evernote in Ihre Mail verschieben).

Und die Sache ist sicher – der Empfänger erhält keinen Zugang zu Ihrem Evernote-Konto.

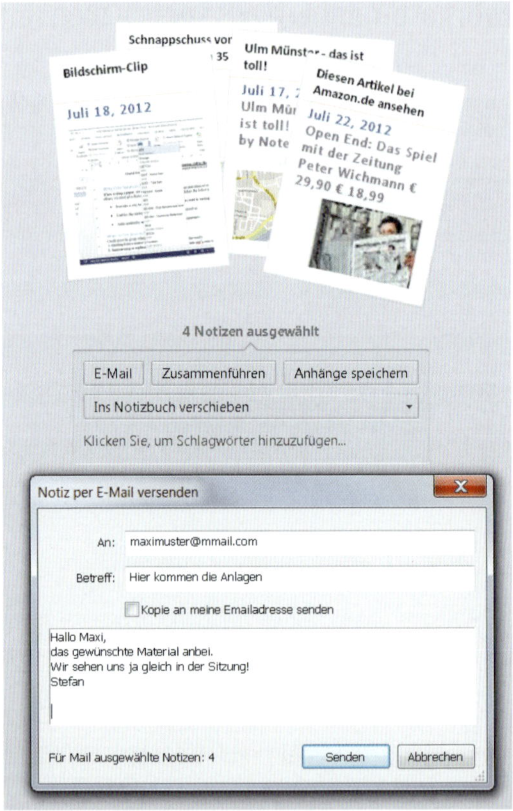

Abb. 4.2: *Anlagen direkt durch Evernote verschicken lassen*

Hinweis

Die Mail enthält als Absenderdaten den Namen, den Sie bei Evernote gewählt haben und die Mailadresse, die Sie bei Evernote angegeben haben. Wenn Ihnen das nicht recht ist, können Sie – falls Sie über einen Premiumzugang verfügen – den Nutzernamen z.B. von »Bond007« auf »Max Schmidt« ändern lassen. Im Falle eines freien Accounts könnten Sie einen zweiten mit den echten Daten einrichten.

4.2 Notizen für andere zugänglich machen

Die zweite Möglichkeit, die sich auch für Twitter und Facebook eignet, besteht darin, einen Weblink zu dem entsprechenden Notizblatt »freizuschalten«. Freischalten oder freigeben bedeutet, dass Dritte weiterhin keinen Zugang zu Ihren Notizen haben, sich aber über den Browser ein einzelnes Blatt – samt Anhang – ansehen können, ähnlich, wie dies bei einer Webseite geschieht.

Auch in diesem Fall werden die Freigabeeinstellungen über das Kontextmenü der Notiz aufgerufen, diesmal wählen Sie den Punkt Evernote-Link zur Notiz kopieren aus.

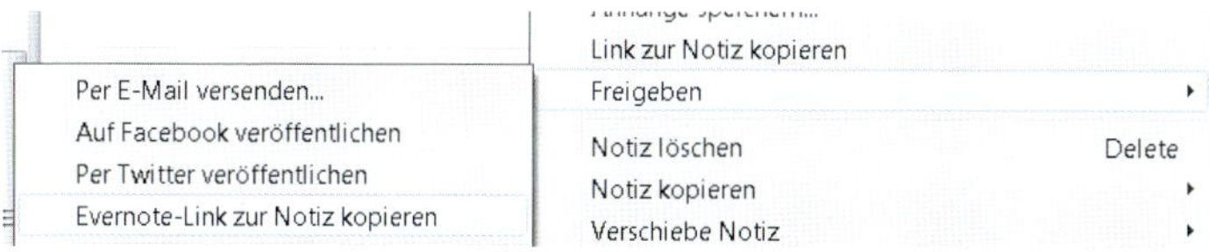

Abb. 4.3: *Einen öffentlichen Link zur Notiz erzeugen*

Diesen Link können Sie versenden, auf Ihrem Weblog veröffentlichen oder via Twitter/Facebook mitteilen. Wenn Sie also ein lustiges Bild Ihrer Familie in Evernote gespeichert haben, könnten Sie dieses Foto der Welt via Evernote-Link bekannt geben (eine andere Frage ist, ob sich Ihre Familie darüber freuen wird ☺).

Es wird ein »kryptisch« anmutender Link erzeugt, der mit *http://www.evernote.com/shard/* beginnt, gefolgt von einer langen Zahlenreihe.

Hinweis

Bei neuen Notizen wird es Ihnen so vorkommen, als ob Evernote »stocken« würde, bevor es den Link freigibt. Evernote benötigt eine kurze Synchronisation mit seinem Web-Frontend, weil der Dienst ja erst einmal sehen muss, an welcher Stelle er im Web die neue Notiz speichert.

Wenn der Empfänger den mitgeteilten Link anklickt, öffnet sich eine Webseite mit den Inhalten des Notizblatts und einigen Angaben: das Erstell- und Änderungsdatum, die Dateigröße, ein Drucksymbol.

Interessant ist der Button SPEICHERN. Falls der Empfänger nämlich selbst über ein Evernote-Konto verfügt, kann er damit das Notizblatt direkt in ein Notizbuch seiner Wahl übernehmen, ohne dass er vorher irgendwo irgendwelche Daten ablegen müsste – eine praktische Angelegenheit.

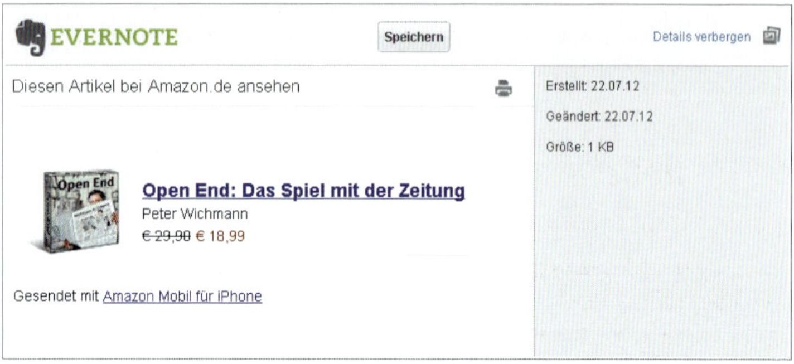

Abb. 4.4: *Ein freigegebenes Notizblatt*

Sie können die Freigabe der Notiz jederzeit beenden – sie wird dann wieder »unsichtbar«. Das ist nützlich, wenn sich Informationen erledigt haben oder Sie einfach auf Nummer sicher gehen wollen, dass kein Dritter durch einen – statistisch gesehen fast unmöglichen – Zufall auf die Notiz stößt. Dazu rufen Sie bei der gleichen Notiz einfach die FREIGABE-EIGENSCHAFTEN auf und wählen den Button FREIGABE BEENDEN.

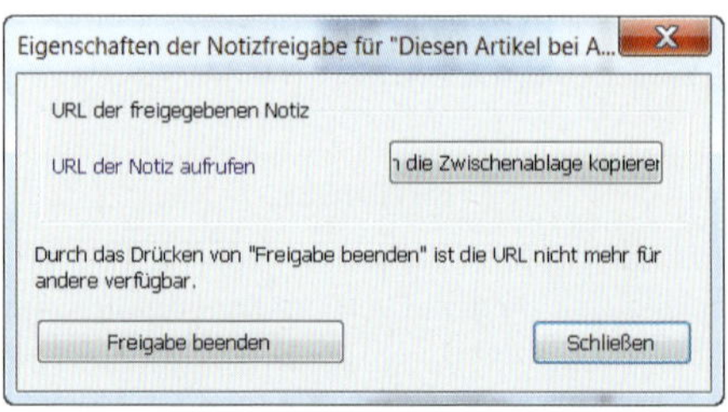

Abb. 4.5: *Eine Freigabe beenden – schnell erledigt*

Tipp

Ihre freigegebene Notiz ist keine »statische« Webseite. Wann immer Sie in Ihrem Evernote-Programm eine Ergänzung oder Änderung mit Synchronisation vornehmen, ändert sich automatisch der Inhalt der Webseite. Eine überaus praktische Angelegenheit z.B. für Listen, die ergänzt werden, für den Entwicklungsprozess eines Layouts, den man Kunden zeigen möchte, für Seminarmaterial usw.

4.3 Notizbücher veröffentlichen

Hier sind wir jetzt bei den eingangs erwähnten Beispielen angelangt: Man besucht eine Messe, macht mit einer mobilen Evernote-App Aufnahmen von Ausstellungsstücken, interviewt mit der Audiofunktion von Evernote Leute an Messeständen, scannt Prospektteile ein, fügt eigene Notizen hinzu. Im Nu ist ein »Tagungsnotizbuch« entstanden. Dieses Notizbuch kann man nun entweder für bestimmte Kollegen einsehbar machen – oder man öffnet es weiter, sodass z.B. ein unbestimmter Kundenkreis Einblick nehmen kann. Oder man möchte sogar, dass das Notizbuch als regelrechtes Webangebot, z.B. mit seinen Rezepten, der Welt zur Verfügung gestellt wird. Die Schritte im Einzelnen:

Zunächst verfahren Sie ganz ähnlich wie bei dem einzelnen Notizblatt: Sie öffnen mit der rechten Maustaste das Kontextmenü des betreffenden Notizbuchs und wählen den Punkt NOTIZBUCH FREIGEBEN aus.

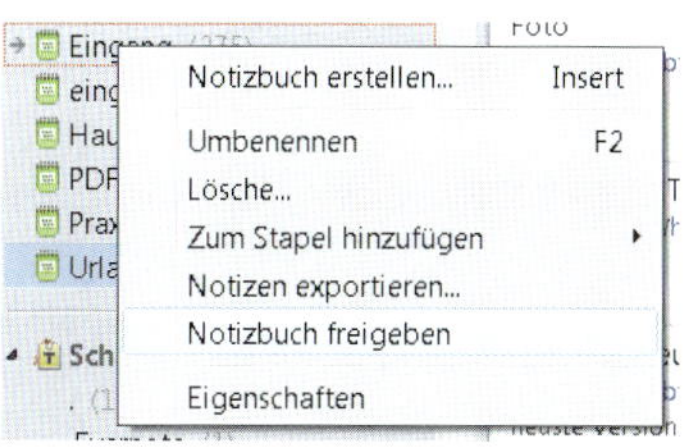

Abb. 4.6: *Ein Notizbuch freigeben*

Später werden Sie feststellen, dass Ihr freigegebenes Notizbuch ein anderes Icon erhalten hat: Statt dem grünen Evernote-Notizblock ist jetzt ein blaues Icon mit zwei stilisierten Männchen zu sehen. Dadurch fällt das Notizbuch später besser ins Auge und Sie geraten nicht in die Gefahr, eine private Notiz in ein öffentliches Notizbuch einzuhängen.

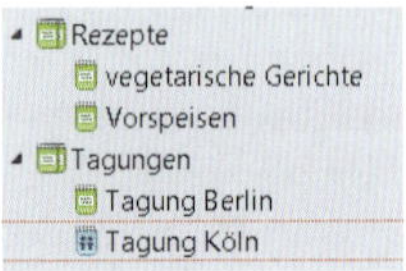

Abb. 4.7: *Öffentliche Notizbücher erhalten ein anderes Icon*

Nun kommt der zweite Reiter ins Spiel, der von Anfang an über Ihren Notizbüchern zu sehen ist. Der Reiter für Ihre eigene Notizbuchansicht trägt die Beschriftung KONTO, aber das Bild wechselt nun zum Reiter FREIGEGEBEN. In dieser Ansicht würden Sie übrigens auch jene Notizbücher sehen, die Sie bei anderen Evernote-Nutzern abonniert haben.

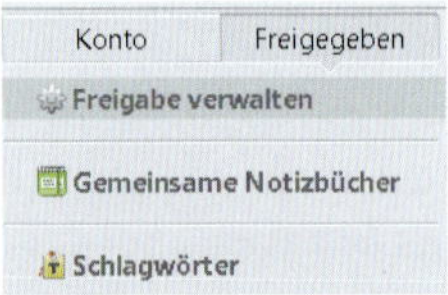

Abb. 4.8: *Der zweite Reiter öffnet sich*

Gleichzeitig werden Sie durch eine Abfrage vor die Wahl gestellt: Möchten Sie das freigegebene Notizbuch für alle im Web öffnen oder soll nur ein begrenzter Teilnehmerkreis Einsicht gewinnen?

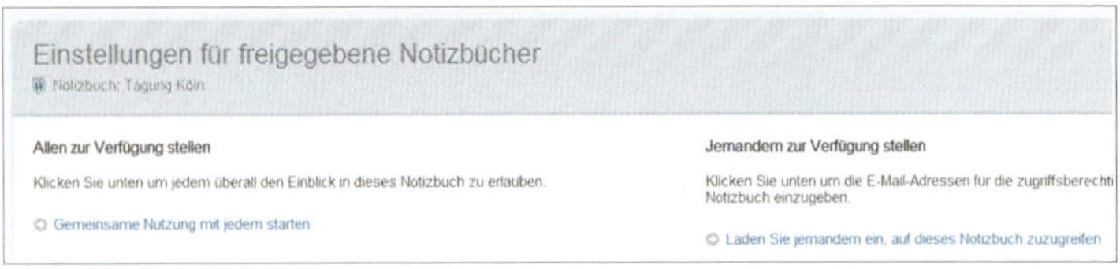

Abb. 4.9: *Sie haben die Wahl …*

Hinweis

Es kann kein Notizbuchstapel mit mehreren Unterbüchern freigegeben werden, sondern nur einzelne Notizbücher. Ob das freigegebene Notizbuch sich hingegen in einem Stapel befindet oder nicht, ist gleich.

4.3.1 Freigabe für jedermann

Wenn Sie das Notizbuch der Welt öffnen möchten, können Sie sogar den Namen für den Link auswählen. Die Syntax lautet:

https://www.evernote.com/pub/[Nutzername]/[gewählter Name]

Der Link muss also nicht den Namen des Notizbuchs tragen. Sie können Ihrer neuen »Website« noch eine kleine Beschreibung mitgeben und die Sortierreihenfolge einstellen. Wenn ein Notizbuch auf diese Weise freigegeben wird, kann es auch von Google & Co. in den Suchindex aufgenommen werden. Etwas schade ist, dass es kein zentrales Verzeichnis derartiger Evernote-Bücher gibt.

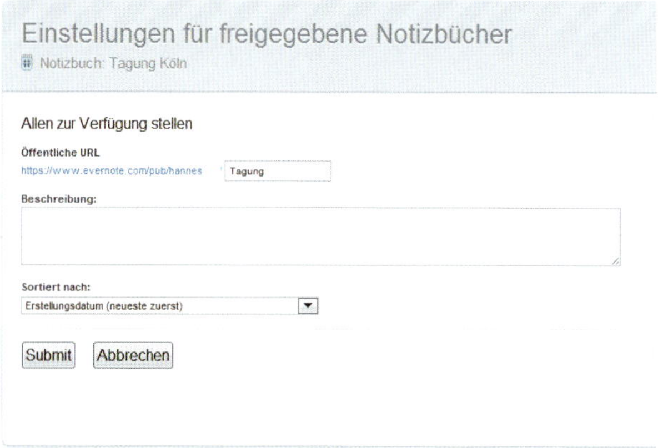

***Abb. 4.10:** Stellen Sie Ihre Gedanken der Welt zur Verfügung!*

Die so entstandenen Weblinks können Sie natürlich auch veröffentlichen. Evernote nimmt Ihnen ein wenig Arbeit ab und erlaubt das Posten der

Links zu den sozialen Netzwerken Facebook, Twitter und LinkedIn direkt aus dem Menü heraus.

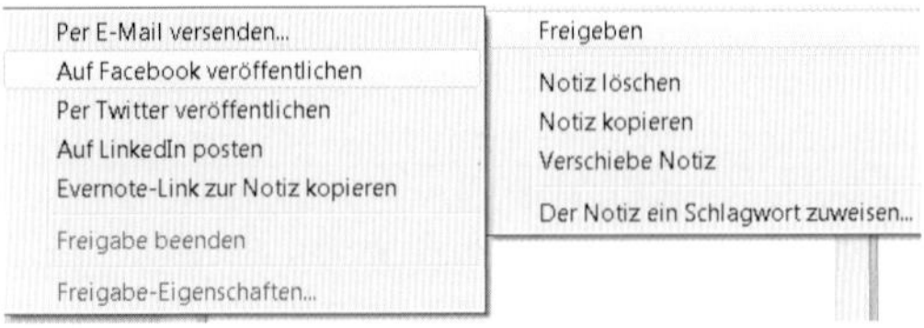

Abb. 4.11: *Freigegebene Notizen können in sozialen Netzwerken veröffentlicht werden*

4.3.2 Freigabe – supersicher

Die zweite Möglichkeit ist, nur ausgewählten Personen die Einsicht zu gestatten, indem Sie die Mailadressen dieser Personen eingeben. Sie können noch eine kleine Nachricht mit auf den Weg geben, dann wird der Link zu dem Notizbuch verschickt.

Abb. 4.12: *Der Personenkreis ist eingeschränkt*

In diesem Fall handelt es sich wieder um einen langen Link mit vielen Ziffern, da ja nur die Mailempfänger etwas damit anfangen sollen, nicht aber andere einen Link erraten sollen.

Sie können die »Sicherheitsstufe« aber noch weiter verstärken mit einer Variante, die andere Dienste in der Regel nicht anbieten. Wenn Sie unter ZUSÄTZLICHE SICHERHEIT das Kästchen ANMELDUNG BEI EVERNOTE ERFORDERLICH ankreuzen, generiert Evernote für jeden Empfänger einen »Ein-Mal-Link«, der nur für diesen Empfänger gilt. Voraussetzung dafür ist allerdings, dass sich der Empfänger ebenfalls ein – kostenloses – Evernote-Konto einrichtet (oder bereits eines eingerichtet hat). Der Vorteil ist, dass dieser Link nicht kopiert und weitergegeben werden kann (es sei denn, derjenige, der kopiert, gibt auch seinen ganzen Evernote-Account preis).

Für freigegebene Notizbücher gilt natürlich ebenso wie für Notizblätter: Änderungen oder Ergänzungen, die der »Freigebende« vornimmt, werden nach der Synchronisierung für die anderen Teilnehmer sichtbar. Und ebenfalls gilt: Wenn jemand selbst über ein Evernote-Konto verfügt, braucht er auf der Webseite nur auf den Punkt AN NOTIZBUCH TEILNEHMEN zu klicken, schon »wandert« das Onlinenotizbuch in den Evernote-Client auf dem eigenen Desktop – und dort können auch, wenn gewünscht, Neuigkeiten und Änderungen eingesehen werden (jeweils nach der Synchronisierung), sodass man nicht unbedingt wieder ins Web muss. Wer nicht über einen Evernote-Zugang verfügt, der kann sich natürlich weiterhin via Webseite auf dem Laufenden halten.

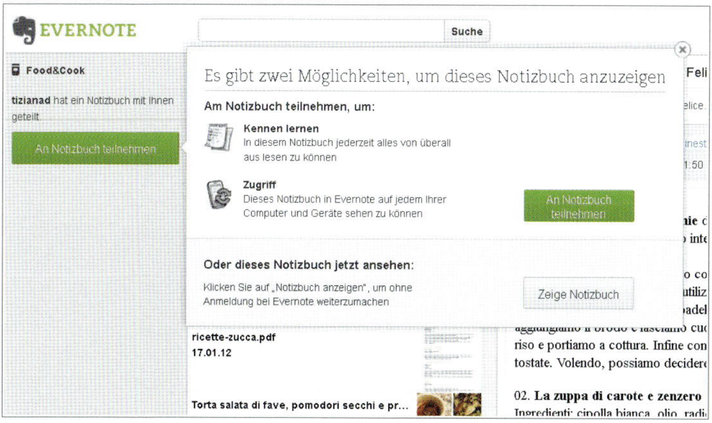

Abb. 4.13: *Freigegebene Webnotizbücher können in das eigene Konto aufgenommen werden*

Hinweis

Bei der Eingabe mehrerer Mailadressen wird oft der Fehler gemacht, diese untereinander in das dafür vorgesehene Feld zu schreiben. Evernote bringt dann eine Fehlermeldung (DIES IST KEINE GÜLTIGE MAILADRESSE), die man sich nicht erklären kann. Sie müssen darauf achten, die Mailadressen jeweils durch Komma zu trennen und »in einem Rutsch« zu schreiben – dann klappt es ohne Probleme!

4.4 Evernote Business: Arbeiten im Team

Wahrscheinlich ist Ihnen die Option NOTIZBUCH ÄNDERN aufgefallen, die Sie aber nicht aktivieren können, wenn Sie die kostenlose Version von Evernote nutzen. Das ist in der Tat einer der wenigen Punkte, der ein deutlicher Vorteil der Premium-Version ist – ausführlich wird auf die Unterschiede in Kapitel 9.2 eingegangen.

Prinzipiell ist das gerade für Projektteams, Lerngruppen, Bands oder Leute, die gemeinsam ein Ereignis organisieren, eine hervorragende Möglichkeit, alle Mitglieder auf dem gleichen Stand zu halten, jeder kann Änderungen vornehmen, eigenes Material im Notizbuch zur Verfügung stellen usw. usw.

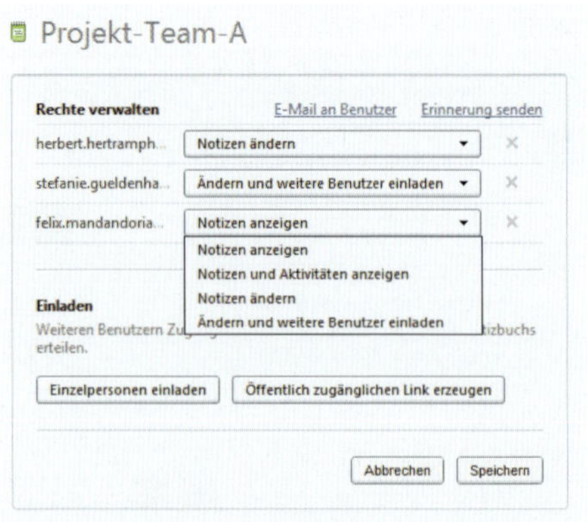

Abb. 4.14: *Bearbeitungsrechte lassen sich bei geteilten Notizbüchern rasch zuweisen*

Ab Dezember 2012 gibt es einen erweiterten Dienst, der sich »Evernote Business« nennt. Als Zielgruppe ist dabei an kleine Unternehmen gedacht, für die das Arbeiten an gemeinsamen Dokumenten eine ausgesprochen interessante Sache ist. Mit dem Business-Modell werden Administrationsfunktionen wie etwa Rollenzuweisungen, Editierberechtigungen usw. eingeführt. Dabei hat Evernote darauf geachtet, dass alles sehr unkompliziert funktioniert: Neue Projektmitglieder können einfach durch ihre Firmen-E-Mail aufgenommen werden, Unternehmensgruppen, die mit Evernote arbeiten, können sehr flexibel vergrößert oder verkleinert werden, die Trennung zwischen geschäftlichen und privaten Dokumenten ist gegeben, der Bezahlvorgang funktioniert einfach per Rechnung. Es entfallen also die – in der Praxis oft sehr großen – Hürden der technischen Implementierung und Wartungskosten, für die man Spezialisten benötigt. Die einzige Voraussetzung ist, dass man mit Evernote vertraut ist – und, nun, das sind Sie ja spätestens in diesem Moment durch das Lesen des Buches geworden. ☺

Alle Einzelheiten zu diesem brandneuen Angebote von Evernote erfahren Sie unter *http://evernote.com/business/*.

Durch die firmenspezifischen Notizbuchverzeichnisse ergeben sich hervorragende Möglichkeiten in den Bereichen des Dataminings oder Wissensmanagements. Ich merke es an unserem eigenen Uni-Institut, dass neue Mitarbeiter ständig eingewiesen werden müssen, Informationen verstreut oder Dinge nicht auf einem aktuellen Stand sind usw. Wir haben als Lösungsweg eine Reihe von Informationen in ein Wiki-System überführt. Aber Evernote, bei dem man ja auch Notizen untereinander verlinken kann, ist sehr viel eleganter – vor allem arbeitet kein Wiki, das mir bekannt ist, so nahtlos mit mobilen Geräten jeden Betriebssystems zusammen.

Wenn man nun also systematisch eine Wissensdatenbank aufbaut, mit Schlagwörtern pflegt, Rollen verteilt (wer darf Inhalte verändern, wer darf sie nur lesen usw.), hat man den einen zentralen Ort, an dem man von Formularen über Entwürfe hin zu Firmenvideos, Tabellen und Ansprechpartnern alles finden kann. Oder eben mitverändern kann: Warum nicht ein »Firmen-Kreativ-Notebook« einrichten? Wenn ein Mitarbeiter etwas mit seinem Smartphone einfängt (Ausstellungsstück auf der Messe, lange Schlange in der Kantine, Design-Hocker im Möbelhaus, Skizze seines 5-jährigen Sohns, wie sich dieser das Produkt vorstellt, usw.), Töne, Flipchart-Notizen usw. usw. usw., kommt man gemeinsam vielleicht auf ganz neue Ideen, die ein trockenes »Manual« niemals erfassen könnte.

Kapitel 5

Suchen und finden

Notizbücher und Schlagwörter sind wichtige Möglichkeiten, um Ordnung zu halten. Doch das häufigste Verfahren, um rasch eine Notiz zu finden, ist die Nutzung der Suchfunktion. Daher hat Evernote einen besonderen Schwerpunkte darauf gelegt, seinen Anwendern viele und unterschiedliche Suchmöglichkeiten zur Verfügung zu stellen, die fast immer zum Erfolg führen, selbst wenn man sich nur noch schemenhaft an die Notiz erinnert. Das Spektrum der Suchmöglichkeiten reicht von »einfach wie bei Google« bis hin zu »komplex wie bei Datenbanken«. Schauen wir uns die Möglichkeiten im Folgenden einmal genauer an.

5.1 Das Suchfeld und seine Nachbarn

Ins Auge springt das »Hauptsuchfeld« oben in der mittleren Spalte. Das soll auch so sein, denn es ermöglicht die bequemste Suche: Ein Wort eingeben und warten, was gefunden wird. Da Evernote bereits einen Index von allen Wörtern Ihrer Notizen angelegt hat, ist die Suche generell blitzschnell.

Dabei startet die Suche sofort mit dem ersten eingegebenen Buchstaben, jeder Buchstabe mehr, den Sie eintippen, verkürzt die Liste der verbleibenden Notizen. Alle anderen Notizen »verschwinden« gleichzeitig vom Bildschirm, was die Übersicht deutlich erhöht. Anders als z.B. bei der Suche in Word- oder PDF-Dokumenten müssen Sie bei Evernote nicht von Fundstelle zu Fundstelle »hüpfen«, Sie erhalten vielmehr eine Liste von gefundenen Notizen. Innerhalb einer Notiz ist das gesuchte Wort farblich markiert.

Abb. 5.1: *Evernote beginnt mit der Suche ab der Eingabe des ersten Buchstabens*

Das klingt jetzt sehr selbstverständlich, denn solche Suchvorgänge sind wir ja gewohnt. Aber wenn Evernote wirklich genutzt wird, sind dort ja nicht nur einige Texte gespeichert, sondern auch »Gegenstände« wie Fotos, Broschüren oder CD-Cover, die früher irgendwo in Ihrer Wohnung verteilt waren. Um im Bild zu bleiben: Stellen Sie sich eine große Lagerhalle vor, voll mit Gegenständen aller Art. Die Suche nach einer kleinen Streichholzschachtel würde Ewigkeiten dauern. Stattdessen wird Ihnen eine »magische« Fernbedienung in die Hand gedrückt, Sie tippen Buchstabe auf Buchstabe ein und mit jedem Buchstaben verschwinden Gegenstände, bis nur noch ein Dutzend am Boden liegen bleiben. Nun ist es einfach, die gesuchte Schachtel zu finden. Und tatsächlich war es so in meiner »Vor-Evernote-Zeit«, dass ich, wenn z.B. der Termin zur Steuerabgabe das dritte Mal angemahnt wurde, von Ordner zu Ordner, von Karton zu Karton hechtete, um alle Unterlagen durchzusehen und die eine bestimmte zu finden, was oft Stunden dauerte. Diese Zeiten sind jetzt in der Tat vorbei.

Gefunden wird bei dieser einfachen Suche jegliches Vorkommen des Wortes, egal ob es im Notizentext, als Schlagwort oder im Titel erscheint. Ja sogar Wörter, die in einem Foto vorkommen – etwa auf einem Straßenschild – können zu den Suchergebnissen gehören (siehe Abschnitt 2.3.3). Bei häufig genutzten Wörtern, z.B. »Projekt« oder »abgeben«, kann das natürlich dazu führen, dass zu viele Notizen verbleiben. Sie werden gleich sehen, mit welchen Mitteln Sie die Auswahl noch weiter einschränken können.

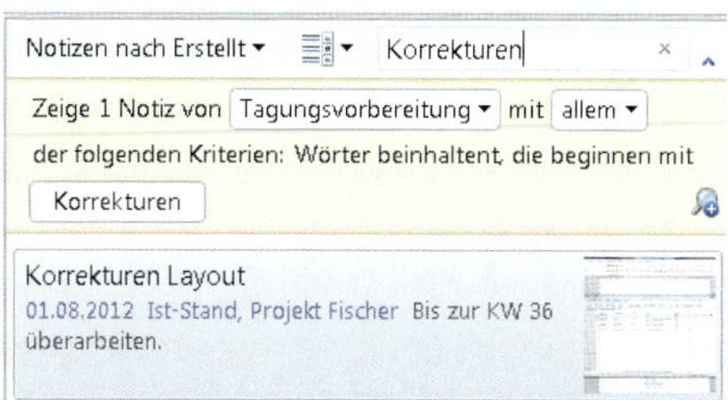

Abb. 5.2: *Suchen – so einfach wie bei Google*

Wenn Sie ein zweites Wort in das Suchfeld eingeben, werden nur Dokumente angezeigt, die beide Wörter enthalten. Mit »Tagung Salzburg« wird beispielsweise der Text »Die Tagung findet in Salzburg statt« in den Suchergebnissen aufgeführt, nicht aber »Meinen nächsten Urlaub verbringe ich in Salzburg«, weil hier der Begriff »Tagung« fehlt. Also eine typische UND-Suche ist die Standardeinstellung in Evernote.

Neben diesem großen Suchfeld gibt es noch zwei kleinere, die jeweils nur bestimmte Listen durchsuchen. Die Liste der Notizbücher weist ein solches Feld auf. Aber noch wichtiger: Die Liste der Schlagwörter (TAGS in der Menüleiste genannt) ebenfalls – und Schlagwortlisten können oft sehr lang werden. Mit diesen Feldern erhält die Suche also eine Einschränkung auf den jeweiligen Bereich. Wenn Sie in dem Schlagwortfeld nach `Korrekturen` suchen, werden nur jene Notizen angezeigt, die mit einem solchen Stichwort versehen wurden. Wenn hingegen das gesuchte Wort nur im Text, aber nicht als Schlagwort vorkommt, wird die Notiz nicht aufgeführt.

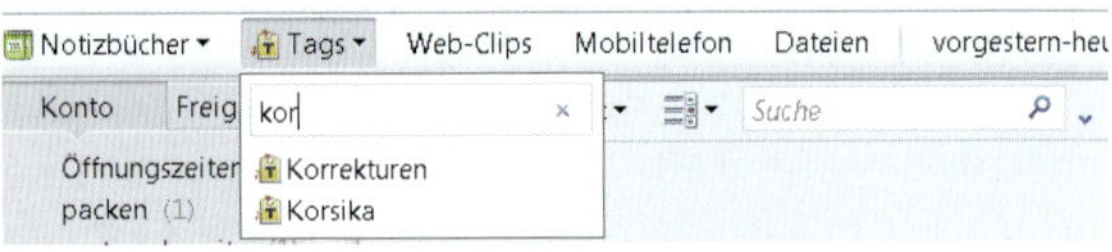

***Abb. 5.3:** Weitere Suchfelder*

Hinweis

Wenn eine Notiz eine Datei als »puren Anhang« enthält, also z.B. keine in der Notiz eingebettete PDF-Datei ist, so schaut Evernote generell nicht in diese Anhänge »hinein«. Steht auf Ihrem Notizblatt beispielsweise »Alle Einzelheiten in der angehängten Word-Datei«, findet die Suche bei der Eingabe des Begriffs »Einzelheiten« die Notiz. Enthält die Word-Datei Angaben zu den Abmessungen eines Möbelstücks, nützt der Suchbegriff »Abmessungen« nichts, da er nur im Anhang, nicht aber im Notizentext auftaucht. Haben Sie hingegen das Wort »Abmessungen« als Schlagwort hinzugefügt, taucht die Notiz wiederum in den Suchergebnissen auf.

5.2 Texterkennung bei Fotos und handschriftlichen Notizen

Die Besonderheit von Evernote ist, dass das Programm weit mehr als eine Textsuche zur Verfügung stellt. Nicht nur »purer« Text ist durchsuchbar, auch Wörter in Fotos und Grafiken werden erkannt, ja sogar bei handschriftlichen Texten ist die Erkennungsrate von Evernote erstaunlich gut!

Wenn Sie also ein Foto mit den Öffnungszeiten der Post mit der Evernote-App Ihres Smartphones aufgenommen haben, so müssen Sie diese Zeiten später nicht abtippen. Sie können in das Suchfeld einfach das Wort `Öffnungszeiten` eintippen – und Evernote wird das Foto finden.

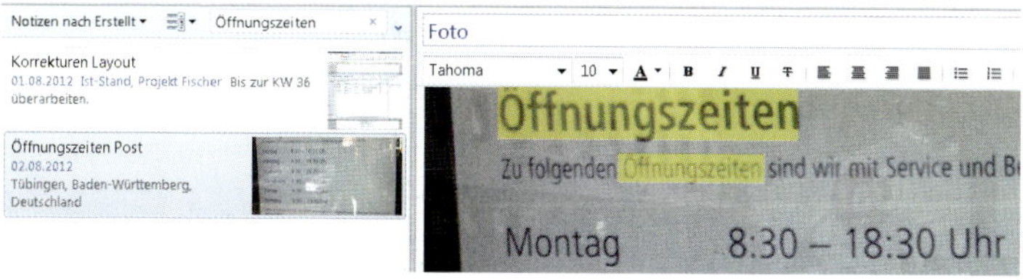

Abb. 5.4: *Evernote findet auch Text in Fotos*

Angaben auf einem Kassenbon? Kein Problem. Oder Sie haben Ihre handschriftliche Notiz des letzten Meetings eingescannt oder abfotografiert? Gut, das ist ein wenig von der Klarheit Ihrer Handschrift abhängig, aber testen Sie es ruhig einmal – Sie werden überrascht sein, wie »findig« Evernote ist.

Hinzu kommt eine ausgefeilte Suchsyntax von Evernote: Sie können Ihre Notizen nach Zeiträumen durchsuchen, die Suche auf Vorkommen im Titel oder in Schlagwörtern begrenzen, sich nur PDF-Dateien anzeigen lassen. Sie können sogar angeben, dass Sie nur jene Notizen sehen wollen, die Sie an einem bestimmten Ort – z.B. anlässlich der Buchmesse in Frankfurt – erstellt haben.

5.3 Suche à la carte: Die vorgegebene Suche

In der linken Leiste finden Sie unterhalb Ihrer Schlagwörter die Rubrik EIGENSCHAFTEN mit einer Vielzahl vordefinierter Kriterien, die die Suche eingrenzen. Im Grunde genommen erhalten Sie damit »Instant-Suchvorgänge«, hinter denen sich eine bestimmte Suchsyntax verbirgt, denn diese Liste bedeutet nichts anderes als: »Suche und zeige mir alle Notizen mit der Eigenschaft X.«

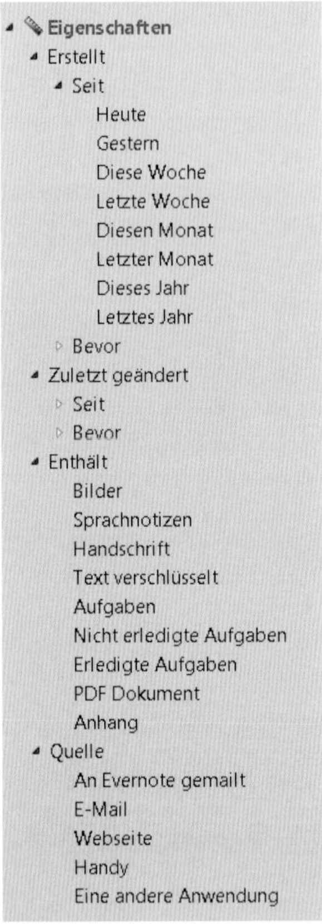

Abb. 5.5: *Suchen Sie sich Ihre Suche aus*

So grenzen Sie beispielsweise mit der Auswahl SEIT ... DIESE WOCHE die Fundstellen auf Notizen ein, die in den letzten sieben Tagen erstellt wurden; mit ENTHÄLT ... PDF-DOKUMENT auf eben nur jene, die ein entsprechendes Dokument enthalten. Sie können zunächst Ihr Suchwort in das Feld eintragen und anschließend einen Punkt aus der Liste wählen, der die Resultate weiter eingrenzt. Oder Sie lassen das Suchfeld leer und wählen nur einen Menüpunkt aus, wenn Sie z.B. alle Notizen sehen wollen, die seit gestern entstanden sind.

Tipp

Die Rubrik ENTHÄLT weist die Punkte NICHT ERLEDIGTE AUFGABEN und ERLEDIGTE AUFGABEN auf, was sich im Projektalltag als außerordentlich hilfreich erweist. Gemeint sind damit die ToDo-Kästchen, die Sie in eine Notiz aufnehmen und nach Erledigung »abhaken« können. Mit NICHT ERLEDIGTE AUFGABEN werden sofort alle Notizen gezeigt, die noch Kästchen ohne Haken aufweisen, womit Sie einen raschen Überblick über die noch zu erledigenden Punkte erhalten. Sobald Sie alle Häkchen gesetzt haben, verschwindet die Notiz aus den Suchergebnissen. Umgekehrt können Sie mit dem Suchvorgang ERLEDIGTE AUFGABEN rasch jene Notizen finden, die z.B. in ein Archivnotizbuch verschoben oder gelöscht werden können.

5.4 Die komplexe Suche

Es wurde schon ausgeführt, dass man mit Evernote sehr alltägliche Ordnungsaufgaben bewältigen kann, dass das »Prinzip Evernote« aber auch für anspruchsvolle Aufgaben tauglich ist. Wer also einen großen Datenbestand mit Evernote pflegt und häufig auf bestimmte Dokumente zugreifen muss, der wird es begrüßen, dass Evernote schon fast eine kleine Datenabfragesprache zur Verfügung stellt. Gemeint sind damit Parameter, die Sie den Suchbegriffen mitgeben und so sehr ausgefeilte Suchvorgänge durchführen können.

Es sei aber gleich dazu gesagt, dass Sie nicht befürchten müssen, dass nur Gedächtniskünstler sich die entsprechende Syntax merken können. Ich werde später noch zeigen, wie Sie einen komplexen Suchvorgang so speichern können, dass Sie ihn jederzeit per Tastendruck aktivieren können.

5.4.1 Aufbau einer Suche

Die Suchparameter sind zwar in englischer Sprache gehalten (Evernote arbeitet zurzeit an deutschsprachigen Begriffen), aber die meisten Wörter werden Ihnen ohnehin bekannt sein. Die Grundstruktur für Suchabfragen ist sehr einfach gehalten:

[Schlüsselwort][Doppelpunkt][Suchbegriff]

Beispiel:

```
notebook:Urlaub
```

bedeutet, dass nach Notizen gesucht werden soll, die im Notizbuch (notebook) »Urlaub« vorkommen.

Wenn kein weiterer Begriff folgt, werden einfach alle Notizen angezeigt, auf die der Suchparameter zutrifft. In diesem Beispiel also alle Notizen aus dem Notizbuch »Urlaub«. Mit

`notebook:Urlaub Reisepass`

wird ausschließlich in den Urlaubsnotizen nach dem Wort »Reisepass« gesucht. Sollte das Wort »Reisepass« auch im Notizbuch »Tagungen« vorkommen, werden die dortigen Notizen nicht aufgelistet.

- Nach dem Doppelpunkt darf kein Leerraum stehen!
- Klein- und Großschreibung spielen keine Rolle. Suchparameter können kombiniert werden (siehe unten).
- Das gewohnte Jokerzeichen * (ein Sternchen, das beliebige Buchstaben als Platzhalter ersetzt) benötigen Sie bei der Textsuche nicht, da Evernote von allein Suchvorgänge so behandelt, als hätten Sie es eingesetzt. Mit »viel« wird also »**viel**sagend«, »**viel**en« und »**viel**versprechend« gefunden. (Bei einer Schlagwortsuche hingegen findet das Jokerzeichen Verwendung!)
- Möchten Sie allerdings ausschließlich jene Notizen finden, in denen der Begriff als alleinstehendes Wort vorkommt, so setzen Sie ihn in Anführungszeichen. Mit "viel" wird die Notiz »Es gibt viel zu entdecken« gefunden, nicht aber jene mit dem Satz »Der Urlaub begann vielversprechend«.

5.4.2 Wichtige Suchparameter

Sie finden die Evernote-Suchparameter in der Tabelle in Abschnitt 5.6. Einige davon werden besonders häufig benötigt, daher hier eine kleine Auswahl:

- `notebook:`

  Der Begriff wird nur innerhalb des angegebenen Notizbuchs gesucht. Beispiel: `notebook:Urlaub`
- `tag:`

  Die Notiz muss mit einem bestimmten Schlagwort versehen sein. Beispiel: `tag:Anfahrt`

- `intitle:`

  Der Begriff muss im Titel der Notiz vorkommen.
  Beispiel: `intitle:Zusammenstellung`

- `todo:`

  Dieser Suchparameter zielt auf die Checkboxen. Mit `todo:false` werden alle Notizen gefunden, die mindestens ein Kästchen enthalten, das noch nicht abgehakt wurde – also alle »unerledigten« Notizen. Mit `todo:true` finden sich jene Notizen in der Ergebnisliste, bei denen schon das Häkchen gesetzt wurde. Und mit `todo:*` (ja, in diesem Fall wird das Sternchen gesetzt) geht es nur darum, ob Kontrollkästchen in der Notiz auftauchen, gleichgültig, ob sie markiert wurden oder nicht.

- `any:`

  Dies ist ein sehr wichtiger Parameter, weshalb gleich noch ausführlicher darauf eingegangen wird. Gemeint ist, dass »irgendeiner« der Begriffe, die dem Parameter folgen, in der Notiz vorhanden sein muss, also eine typische Oder-Verknüpfung. Beispiel: `any: Zug Papiere`

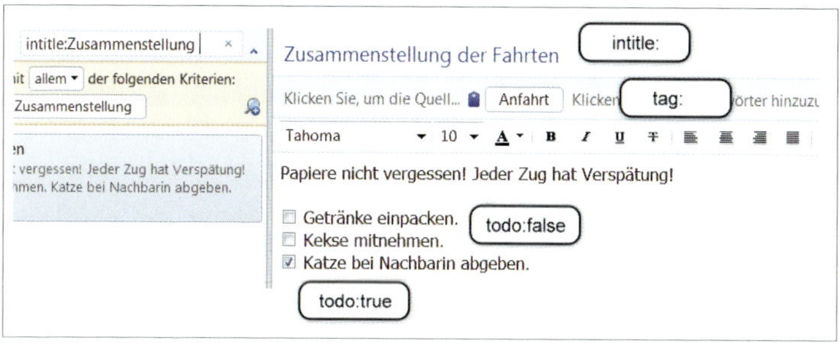

Abb. 5.6: *Häufige Suchparameter*

Hinweis

Beim Parameter `any:` muss das erste nachfolgende Wort nicht direkt auf den Doppelpunkt folgen, da der Parameter für sich steht und im Unterschied zu den vorhergehenden Beispielen nicht spezifiziert werden muss. Wenn Sie aber gewohnt sind, direkt nach dem Doppelpunkt anzusetzen, können Sie dies beibehalten – die Suchergebnisse sind identisch.

Tipp

Ja, Evernote hat eine umfangreiche Such- und Filtersyntax, mit der man sogar Wörter von handgeschriebenen Zetteln oder in Fotos vorkommende Beschriftungen finden kann. Wer jedoch nur gelegentlich sucht, der möchte nicht erst den umfangreichen Hilfetext lesen. Zum Glück geht es auch einfacher – gerade für die häufige Alltagsanforderung, sich zwischen »und« und »oder« zu entscheiden. Will ich z.B. nur Fotos, auf denen meine Katze und mein Hund zu sehen sind, dann klappt das ja ganz gut durch die Eingabe `tag:hund tag:kater`. Was aber, wenn ich aus dem Foto-Notizbuch sowohl alle Hunde- als auch alle Katzenbilder filtern möchte? Leider greift Evernote hier nicht zu den gewohnten »and/und«- bzw. »or/oder«-Begriffen (das könnten die Entwickler übrigens mal anpassen). Aber kein Problem: In der Suchmaske ist standardmäßig ALLE eingeblendet – was einer UND-Suche entspricht (es müssen eben »alle« Begriffe zutreffen). Dieses Feld klappen Sie auf und wählen EINE aus – schon haben Sie die gewünschte ODER-Verknüpfung! Und wer sich diesen Vorgang beim nächsten Mal ersparen möchte, der macht einfach einen kurzen Klick auf das Diskettensymbol – und schon ist die Suchvorgabe für die Zukunft gespeichert.

5.4.3 Oder-Verknüpfung mit »any:«

Und- und Oder-Verknüpfungen sind bei Suchvorgängen eine bekannte Geschichte. Evernote ist da allerdings ein wenig tricky, da sich das Programm nicht ganz an gewohnte Konventionen hält.

Wie wir gesehen haben, geht Evernote in seinem Suchfeld standardmäßig davon aus, dass Sie eine UND-Verknüpfung der Begriffe haben möchten. Wenn Sie also

```
Schmidt Dachdecker
```

eingeben, so erhalten Sie nur die Dachdeckerrechnung von Handwerker-Schmidt, nicht aber den Kostenvoranschlag von BMW-Schmidt für die Reparatur Ihres Autos.

Mit

```
any: Schmidt Dachdecker
```

werden alle Notizen angezeigt, die entweder »Schmidt« ODER »Dachdecker« aufweisen.

`any:` können Sie nicht nur mit Begriffen, sondern auch mit anderen Suchparametern kombinieren. Wenn eine Notiz beispielsweise gefunden werden soll, die mit mindestens einem von mehreren angegebenen Schlagwörtern gekennzeichnet wurde, so können Sie schreiben:

```
any: tag:Abfahrt tag:Ankunft
```

Damit werden alle Notizen gefunden, die entweder das Schlagwort »Abfahrt« oder das Schlagwort »Ankunft« oder beide Schlagwörter aufweisen.

5.4.4 Ausschlussverfahren: Die Minusfunktion

Bei der Evernote-Suche werden Kriterien, die **nicht** zutreffen sollen, mit einem Minuszeichen gekennzeichnet. So findet

```
tag:Rechnung -tag:bezahlt
```

alle Rechnungen, die das Schlagwort »Rechnung« aufweisen, aber nicht das zusätzliche Schlagwort »bezahlt« erhalten haben (das man z.B. vergibt, wenn man eine Rechnung überwiesen hat). Mit anderen Worten: Nur die noch offenen Rechnungen werden angezeigt.

Leider funktioniert der gleiche einfache Ausschluss nicht bei der Auswahl von Notizbüchern. Sie können also nicht eingeben

```
-notebook:bezahlt tag:Rechnungen
```

Beispiel: Archivordner von der Suche ausschließen

Wer eine umfangreiche Notizsammlung in Evernote angelegt hat, verliert bei einem Suchvorgang leicht den Überblick. Auch Uraltmaterial kommt oft zum Vorschein, das eher stört. Denn wenn man an der Steuer für 2012 sitzt, will man nicht unbedingt Belege aus dem Jahr 2008 sehen. Für gewöhnlich schiebt man solche Schnipsel in ein Archiv- oder Ablagenotizbuch. Wenn man nun etwas Aktuelles sucht, wäre es schön, wenn man diese Archivordner ausschließen könnte.

Das Problem: Evernote bietet für Notizbücher bei der Suche nur zwei Möglichkeiten: Entweder wird in einem einzigen Notizbuch gesucht (z.B. in dem man sich gerade befindet), oder es wird in allen Notizbüchern gleichzeitig gesucht. Aber leider kann man nicht einzelne Notizbücher von der Suche ausschließen. Die Suche `-notebook:archiv Steuer` funktioniert also nicht. Allerdings wird das Minuszeichen für Tags akzeptiert. Daher hilft folgender Trick:

1. Verschieben Sie alle Notizen in den gewünschten Ablageordner.
2. Markieren Sie danach – oder von Zeit zu Zeit – diese Notizen (etwa durch `Strg`+`A`) und ziehen Sie die Notizen auf ein Schlagwort, das sich z.B. »Ablage« nennt. Damit erhalten alle Materialien aus diesem Notizbuch in einem Rutsch das zusätzliche Tag »Ablage«.
3. Jetzt gehen Sie auf das Suchfeld und geben das Schlagwort mit einem Minuszeichen ein, also in unserem Beispiel `-tag:Ablage`.

Theoretisch könnte man nun die Suche durchführen, also `-tag:Ablage Steuer` eingeben. Es würden alle Notizen bei der Suche ausgeklammert, die sich im Ablage-Notizbuch befinden. Praktischer ist es aber, wenn man einmalig einen zusätzlichen Schritt durchführt:

Geben Sie nach `-tag:Ablage` kein weiteres Suchwort ein, sondern speichern Sie diese Suche (z.B. rechte Maustaste) und vergeben einen Namen, etwa »Ohne Ablage«. Später klicken Sie in der Liste GESICHERTE SUCHVORGÄNGE diese Suche kurz an und geben das aktuelle Suchwort ein, fertig.

5.4.5 Such- und Filterbeispiele: Zeitspannen und Hochzeitsvorbereitungen

Zwei Tage sind genug – Zeitspannen definieren

Oft speichert man viele Notizen, kommt aber zunächst nicht dazu, diese Notizen mit Schlagwörtern zu versehen oder in die richtigen Notizbücher zu verschieben, sodass das »Eingangskörbchen« recht viele Notizen enthält. Und gerade jetzt will der Chef, mal wieder typisch, »ganz schnell« die eine Unterlage, von der man nur noch weiß, dass man sie irgendwann die letzten zwei Tage in Evernote gespeichert hat. Natürlich könnte man jetzt auf die Listenansicht umschalten und nach Datum sortieren, aber dann muss man Zeile für Zeile absuchen.

Komfortabler ist es, wenn Sie sich für solche Fälle – die jüngsten Notizen benötigt man ja besonders oft – einen »Vorgestern-Filter« anlegen:

1. Geben Sie in das Suchfeld `created:day-2` ein (damit wird das Erstelldatum von heute, gestern und vorgestern erfasst) und klappen Sie das Auswahlmenü auf.

2. Klicken Sie auf die Lupe mit dem Plussymbol in der rechten Ecke.
3. Vergeben Sie einen Namen für die Suche, z.B. »seit vorgestern«.

In der Sidebar erscheint diese gespeicherte Suche mit dem vergebenen Namen und bleibt erhalten. Von nun ab genügt ein Klick auf SEIT VORGESTERN und Sie bekommen nur noch die Vorschaubilder der jüngsten Ergänzungen/Änderungen angezeigt. Natürlich klappt das auch mit `created:day-10` usw., wenn für Ihre Zwecke ein anderer Zeitraum nützlicher ist.

Hochzeitsvorbereitungen mit ToDo-Suche

Wenn man Evernote für Projektarbeiten einsetzt, hat man es meist mit einer Vielzahl von Einzelnotizen zu tun: Für das Projekt »Hochzeitsvorbereitung« sind Einladungslisten zu verschicken (Notiz mit Adresszusammenstellung), Tischkärtchen zu gestalten (Notiz mit gesammelten Comics aus dem Netz), eine Rede zu halten (Entwurf als PDF-Datei), lustige Einlagen zu bringen (Gedichte mit Web Clipper gesammelt aus dem Netz) usw. usw. Nun helfen Schlagwörter zwar, etwas Ordnung in die Sache zu bringen – aber je näher der Termin rückt, desto drängender wird die Frage, was schon erledigt ist und was noch zu tun ist. Mit einem einfachen Schlagwortfilter können Sie nur noch jene Tätigkeiten anzeigen lassen, die noch abgearbeitet werden müssen.

1. Sie werden ohnehin den Projektnotizen ein übergreifendes Schlagwort zuweisen, z.B. »Hochzeit«.
2. Jede neue Notiz des Projekts erhält zusätzlich zu ihrem Inhalt *ein einziges* leeres ToDo-Kästchen. Dieses Kästchen kann zwar überall in der Notiz eingefügt werden, in der ersten Zeile fällt es gleich ins Auge. (Eine Kästchenbeschriftung können Sie hinzufügen, das muss aber nicht sein.) Immer wenn eine Notiz erledigt ist, kreuzen Sie dieses Kästchen an.
3. Als Letztes speichern Sie eine Suchabfrage mit zwei Parametern ab: erstens aus dem Projektschlagwort, zweitens aus einer Wahr/falsch-Abfrage für ToDo-Kästchen. In unserem Beispiel lautet die Suchzeile `tag:Hochzeit todo:false`. Mit »falsch« werden nur jene Notizen angezeigt, die noch kein Häkchen erhalten haben – also noch abgearbeitet werden müssen.

5.5 Bequemer finden: Auswahlmenü und gespeicherte Suchen

Direkt neben dem Suchfeld befindet sich ein kleiner Pfeil, mit dem man einige Textzeilen aufklappen kann. Der Text entspricht einer Art »Übersetzung« der Suche in einen zusammenhängenden Satz. Dieser »Satz« enthält Felder, die markiert sind, womit Sie sich die Veränderung von Suchvorgängen sehr vereinfachen können. Denn manche dieser Felder sind anklickbar und erlauben so die blitzschnelle Umstellung von Suchparametern. Betrachten wir noch einmal das Beispiel von eben: Die Parameter, die in das Suchfeld eingegeben wurden, lauteten

```
any: tag:Abfahrt tag:Anfahrt
```

Im aufgeklappten Textfeld erscheint:

ZEIGE XY NOTIZEN VON URLAUB MIT EINEM DER FOLGENDEN KRITERIEN: BESCHRIEBEN MIT ABFAHRT ANFAHRT.

Wenn das Feld EINEM angeklickt wird, kann man es auf ALLE umstellen, was die beschriebene Standardeinstellung einer UND-Verknüpfung bewirkt. Oder man klickt das Feld mit dem Notizbuchnamen an (»Urlaub«) und erhält eine Liste aller Notizbücher usw.

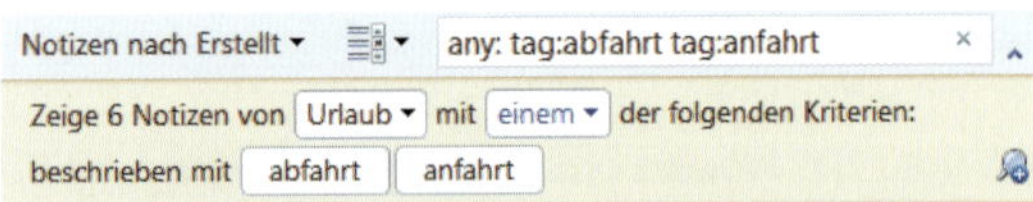

Abb. 5.7: *Suche per Auswahlmenü steuern*

Das aufgeklappte Suchmenü hat noch eine weitere Besonderheit: In der rechten Ecke taucht ein kleines Lupen-Icon mit einem Pluszeichen auf. Mit einem Klick auf dieses Icon kann eine gerade durchgeführte Suche gespeichert werden.

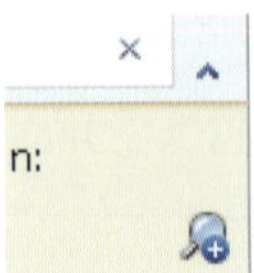

Abb. 5.8: *Speichermöglichkeit für die Suche*

Gespeicherte Suchen sind eine große Hilfe im Alltag. Angenommen, Sie haben ein Projekt vor, bei dem Sie häufig im Notizbuch »Bau-Projekt« Notizen mit dem Schlagwort »Auftragsvergabe« suchen müssen, die noch nicht erledigt sind. Dafür muss ins Suchfeld schon ein längerer Satz eingegeben werden:

```
notebook:Bau-Projekt tag:Auftragsvergabe todo:false
```

Ganz schön viel Tipparbeit. Und Sie müssen auch immer die Suchsyntax im Kopf haben. Zum Glück kennt Evernote das Problem und ermöglicht es, jeden Suchvorgang mit einer »Überschrift« zu versehen und abzuspeichern. Sie müssen also nur einmal den Suchsatz eingeben, öffnen danach mit dem kleinen Pfeil neben dem Suchfeld den erweiterten Text und klicken auf das »Lupe mit Plus«-Symbol. Daraufhin erscheint ein kleines Popup-Menü mit zwei Feldern.

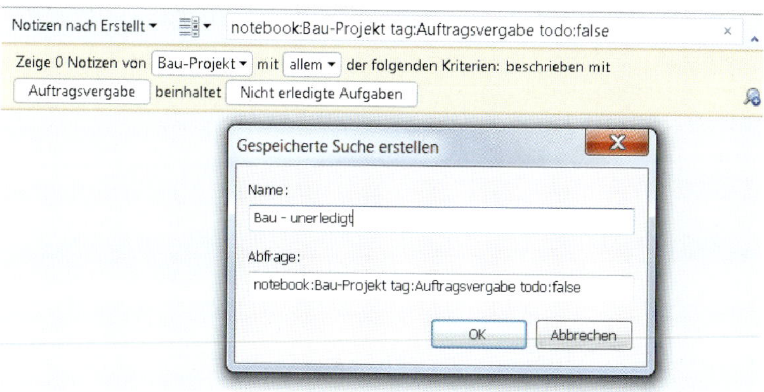

Abb. 5.9: *Aussagekräftige Namen vergeben*

Im unteren Feld – ABFRAGE – ist Ihre Suchzeile bereits eingetragen, im oberen Feld – NAME – vergeben Sie eine beliebige Kurzbezeichnung. In unserem Fall könnten Sie die Bezeichnung »Bau – unerledigt« vergeben. Damit ist die Suche für spätere Wiederholungen unter diesem Namen gespeichert, den Sie in der linken Sidebar unter der Überschrift GESPEICHERTE SUCHVORGÄNGE finden.

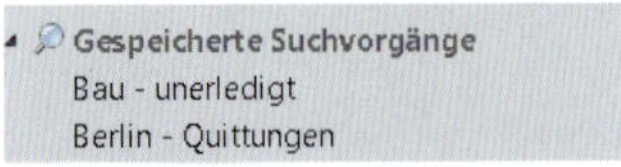

Abb. 5.10: *Eine Liste Ihrer gespeicherten Suche wird von Evernote angelegt*

Natürlich wird bei jedem Start einer gespeicherten Suche auf den aktuellen Notizbestand zurückgegriffen. Sollten also inzwischen neue Notizen hinzugekommen sein, die die Suchkriterien erfüllen, werden diese ebenfalls bei den Ergebnissen aufgeführt.

5.6 Wichtige Suchparameter

Suchparameter	Beschreibung
`notebook:`	nur Notizen eines bestimmten Notizbuchs durchsuchen
`intitle:`	Suchbegriff muss im Titel der Notiz vorkommen
`any:`	irgendeiner der dem Parameter folgenden Suchbegriffe muss in einer Notiz vorkommen
`tag: (-tag:)`	gesucht (ausgeschlossen) werden Notizen mit einem bestimmten Schlagwort
`todo:true/false/*`	`true` = Notizen mit mindestens einem Kästchen »mit Haken« `false` = wenn der Haken nicht gesetzt wurde * = irgendein ToDo-Kästchen, gleichgültig ob mit oder ohne Haken
`created:`	ein Erstelldatum wird angegeben, entweder relativ oder absolut relativ: `created:day-7` = Notizen, die innerhalb der letzten sieben Tage erstellt wurden absolut: `created:20120823` = Notizen, die seit dem 23. August 2012 erstellt wurden
`updated:`	bezieht sich auf das Änderungsdatum, Vorgehen wie bei `created`

Suchparameter	Beschreibung
`source:`	kann nach bestimmten Dateiformaten suchen `source:web.clip` = Inhalte, die einer Webseite mit dem Web Clipper entnommen wurden `source:app.ms.*` = Notizen, die durch ein Office-Programm von Microsoft entstanden (Word, Outlook usw.) `source:mobile.*` = Inhalte, die durch eine mobile Evernote-App hinzugefügt wurden
`resource:`	Notizen mit bestimmten Dateielementen (Angabe des MIME-Typs), z.B. `resource:image/jpeg` = findet Notizen, die ein Foto im JPEG/JPG-Format beinhalten `resource:image/gif` = findet Notizen, die mindestens eine Grafik im GIF-Format aufweisen `resource:audio/*` = alle Notizen, die Audiodateien beinhalten
`author:`	damit kann das Feld für den Autor einer Notiz abgefragt werden

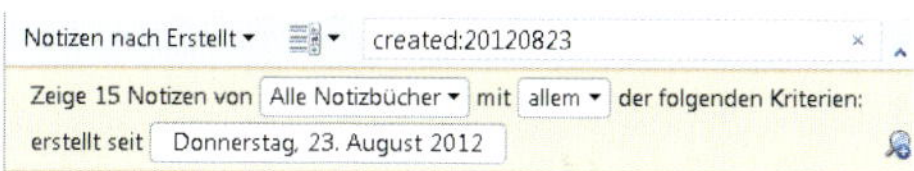

Abb. 5.11: *Eine Suche mit dem Parameter* `created`

Es gibt noch eine Reihe weiterer Suchparameter, deren Syntax sich aber oft von einem Evernote-Update zum nächsten ändert. Wenn Sie in früheren Evernote-Versionen beispielsweise Excel-Dateien mit dem Ausdruck `source:app.ms.excel` finden konnten, lautet die aktuelle Syntax `resource:application/vnd.ms-excel`. Von Zeit zu Zeit aktualisiert Evernote seine Support-Seite, die auf die Suchparameter eingeht:

https://support.evernote.com/link/portal/16051/16058/Article/535/Using-Evernote-s-advanced-search-operators

Kapitel 6

Mobil und flexibel

6.1 Informationen jederzeit griffbereit

Bisher haben wir Evernote als traditionelle Desktopanwendung für den PC oder Mac kennengelernt. Aber schon seit Jahren beschränkt sich unser Umgang mit Informationen nicht mehr nur auf Büro oder Arbeitszimmer – inzwischen sind wir es gewohnt, immer und überall auf unsere Unterlagen zugreifen zu können. Ob via Webbrowser am Hotelcomputer, via Notebook bei der Tagung, via Tablet auf der Terrasse oder via Smartphone – immer und überall.

Die große Stärke von Evernote liegt nun darin, dass das Unternehmen nicht nur Software für fast alle Betriebssysteme entwickelt hat, sondern auch die Umstände des mobilen Einsatzes – Datentransferkosten, Speicherplatz – berücksichtigt. So synchronisiert Evernote beispielsweise auf dem Desktop-PC seine Datenbank vollständig mit allen Inhalten und Anlagen, da Speicherplatz bei den Größen heutiger Festplatten eine untergeordnete Rolle spielt. Bei dem Abruf auf mobilen Geräten werden hingegen zunächst nur Vorschaubilder und Titel synchronisiert, bevor auf Wunsch der Inhalt ausgewählter Notizen nachgeladen wird. Denn abgesehen von dem geringeren Speichervolumen von Smartphones spielen hier auch der Kostenfaktor und vor allem die Übertragungszeit eine Rolle – es wäre unsinnig, bei einer schwachen Telefonverbindung die ganze Datenbank zu synchronisieren. Trotzdem können Sie in gewohnter Schnelligkeit Informationen suchen und ausfindig machen. Zusätzlich können Sie, falls Sie über einen Premium-Account verfügen (siehe Abschnitt 9.2) mit einem Klick auf ein »Favoriten-Sternchen« Notizinhalte permanent offline auf Ihrem Gerät belassen. Das klappt zwar prinzipiell auch mit der kostenlosen Version, indem Sie z.B. die PDF-Datei einer Notiz in Ihrem mobilen PDF-Reader speichern, aber so ist es natürlich besonders elegant.

6.1.1 Zugang über den Webbrowser

Wenn wir heute das Wort »mobil« hören, denken wir sofort an Handys, Smartphones oder Tablets. Doch auch jenseits solcher Geräte bleiben alle in Evernote gespeicherten Informationen außerhalb von Büro und Zuhause zugänglich: einfach über die Anmeldung auf der Evernote-Webseite.

Abb. 6.1: *Der Aufbau der Webseite erinnert an die bekannten Desktopversionen …*

Abb. 6.2: *… und bietet fast die gleichen Möglichkeiten*

Nehmen wir an, Sie unterhalten sich abends in gemütlicher Runde mit Freunden und die Sprache kommt plötzlich auf den tollen Wein, den Sie vor Kurzem in der spanischen Weinstube erworben haben. Der Name fällt Ihnen nicht ein, aber klug, wie Sie sind, haben Sie für den späteren Kauf das Flaschenetikett abfotografiert und in Evernote gespeichert.

Nun müssen Sie nur kurz zum PC Ihrer Freunde gehen, sich auf *http://evernote.com* (Sie werden zu einer deutschen Seite umgeleitet) mit Ihren Accountdaten auf der Webseite einloggen – und schon haben Sie den Namen wieder zur Hand.

Oder Sie stellen bei Ankunft in Schweden fest, dass der Koffer mit wichtigen Unterlagen nach Timbuktu unterwegs ist – dank Evernote können Sie im Hotel zumindest die zentralen Daten abrufen … usw. usw.

Mit einfachen Worten: An allen Orten, die Ihnen einen Internetzugang zur Verfügung stellen, sind auch Ihre Daten in erreichbarer Nähe. Und glauben Sie mir: Es gibt viele Gelegenheiten, bei denen dieser Zugang plötzlich wichtig wird. Der verlorene Ausweis oder das verschwundene Ticket – in Evernote haben Sie zumindest die Pass- oder Buchungsnummer abrufbereit.

Dabei handelt es sich bei der Onlineversion keineswegs um eine »abgespeckte« Version. Ihnen stehen fast alle Möglichkeiten zur Verfügung, die Sie von den Evernote-Desktopanwendungen kennen:

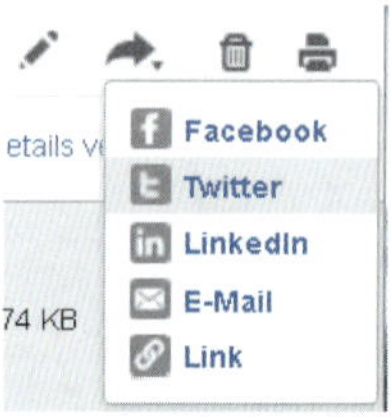

Abb. 6.3: *Weiterleitungen an andere Dienste*

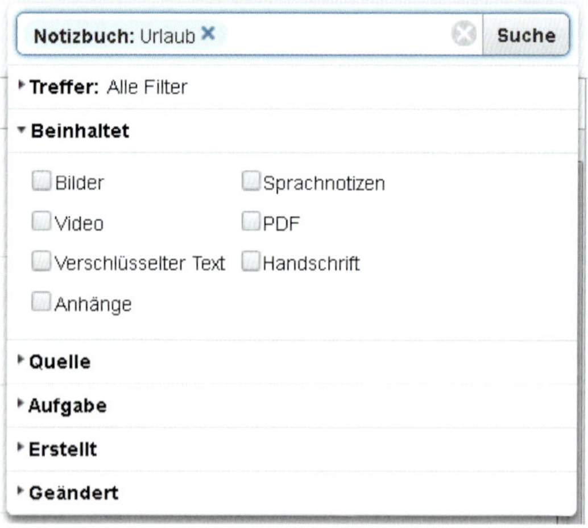

Abb. 6.4: *Einbeziehung einer großen Filterauswahl*

Abb. 6.5: *Markieren mehrerer Notizen*

... und Sie können sogar eine Diashow direkt auf der Webseite starten, falls die Notiz mehrere Fotos enthält:

Abb. 6.6: *Diashow online*

Tipp

Nur wenige wissen, dass es auch eine spezielle mobile Webseite von Evernote gibt, die unter *http://www.evernote.com/m/* erreichbar ist. Natürlich sind die speziellen Evernote-Apps geeigneter für den Abruf von Daten, falls Sie sich aber einmal ein Smartphone ausleihen müssen, das keine Evernote-App aufweist, können Sie so einfach über den mobilen Browser Zugang erhalten.

6.1.2 Smartphones und Tablets – iPhone, Android & Co.

Handys, mit denen man Fotos machen kann, sind natürlich eine »uralte« Sache. Allerdings landeten diese Fotos früher via USB-Kabel auf der Festplatte. Inzwischen sind in den Läden fast nur noch Smartphones zu finden, die ja in Wirklichkeit Kleincomputer mit Telefonfunktion sind. Einer der vielen Vorteile: Fotos, Videos und Audioaufnahmen müssen nun nicht zuerst auf der Festplatte zwischengelagert werden – sie können sofort an Onlinedienste wie Evernote verschickt werden.

Es gibt wöchentlich Hunderte von Momenten, in denen eine kleine Notiz oder Fotoaufnahme nützlich sein kann: das Öffnungszeitenschild der Poststelle, das Weinetikett, ein Buchcover, ein Plakat auf einer Litfaßsäule, der Flyer, der im Wohnzimmer rumliegt, usw. usw. Alles, was Ihnen in den Sinn kommt, landet mit diesen kleinen Wunderwerken in Evernote, sodass sie zu »Scannern für Ihre Erinnerungen« werden.

Wie bei Mac und Windows-PC unterscheiden sich die Versionen für iPhone, Android, Windows-Phone oder BlackBerry zwar in einigen Punkten, folgen aber mit Notizbüchern, Schlagwörtern, gespeicherten Suchen usw. dem gleichen Konzept: Notizbücher und Schlagwörter können angezeigt und durchsucht werden, eine Vorschau in verschiedenen Varianten ist ebenfalls möglich (die ändert sich sogar, je nachdem, ob Sie Ihr mobiles Gerät vertikal oder horizontal halten).

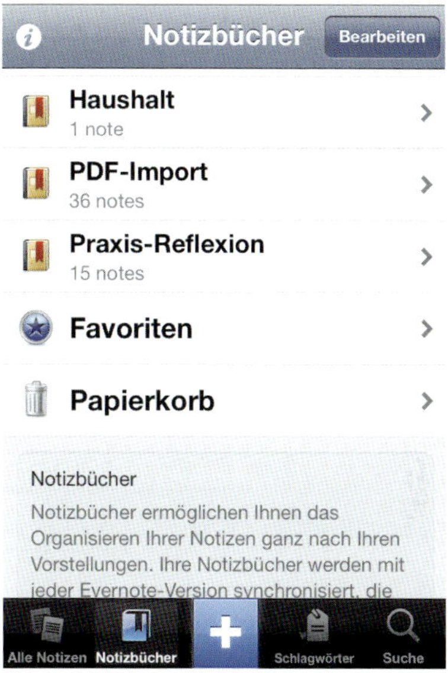

Abb. 6.7: *Notizbücher auf dem iPhone*

Abb. 6.8: *Die vertikale Notizenansicht*

Bei allen Evernote-Apps werden jene Funktionen in den Vordergrund gerückt, die die Stärken der mobilen Geräte sind: die Aufnahme durch die eingebaute Kamera, das Auswählen von Fotos oder die Audioaufnahme über das ohnehin vorhandene Mikrofon.

Und für die Texteingabe gibt es inzwischen neben der reinen Tastaturansicht ein Umschalttab, mit dem Sie von der Listendarstellung über das Einfügen von ToDo-Kästchen bis hin zur farblichen Markierung Ihre Notiz frei gestalten können.

Abb. 6.9: *Umfangreiche Editiermöglichkeiten*

Wenn Sie die Notizeneigenschaften aufrufen, sind Sie sogar den »großen Desktop-Brüdern« einen Schritt voraus: Neben den üblichen Feldern wie Name des Notizbuchs, Schlagwörter, Erstelldatum usw. wird der Entstehungsort der Notiz als kleine Google-Maps-Karte eingeblendet. Die Stecknadel auf dieser Karte ist frei positionierbar, was eine recht exakte Standortbestimmung per einfachem Fingerwisch zulässt.

Der Vorteil von mobilen Geräten, die das Android-Betriebssystem nutzen (Samsung, Sony, LG usw.), liegt in der größeren Anpassungsfähigkeit. Sie können Funktionen von Evernote gewissermaßen »auslagern«, indem Sie sogenannte Widgets auf Ihrem Startbildschirm einrichten.

Abb. 6.10: *Den Standort ändern – besonders einfach auf dem iPhone*

Abb. 6.11: *Evernote-Widgets unter Android*

Auf diese Weise können Sie zum Beispiel direkt mit einer bestimmten Notiz starten oder ohne Umweg eine Foto- oder Audionotiz erstellen.

6.1.3 Schon gewusst? Die App kennt Ihren Kalender!

Es gibt nur wenige Menschen, die die Fummelei auf den eingeblendeten Tastaturen der kleinen Smartphone-Bildschirme nicht stört. Man ist für ersparte Tipperei dankbar, das weiß auch Evernote. Wenn Sie etwa schnell noch das Whiteboard abfotografieren, während Ihre Kollegen schon auf dem Weg zur Kaffeepause sind, begnügen Sie sich mit den Fotos ohne Ergänzungen. Vier Tage später, wieder zu Hause, beginnen Sie mit der Einordnung, die Ihnen dann schwerfällt. Aber siehe da: Auf wundersame Weise trägt die Evernote-Notiz mit dem Foto den Titel »Schnappschuss Arbeitsgruppe Webdesign in Köln«. Und die Tonaufnahme des Vormittagvortrags die Überschrift »Audioaufnahme Keynote Dr. Schröder in Köln«.

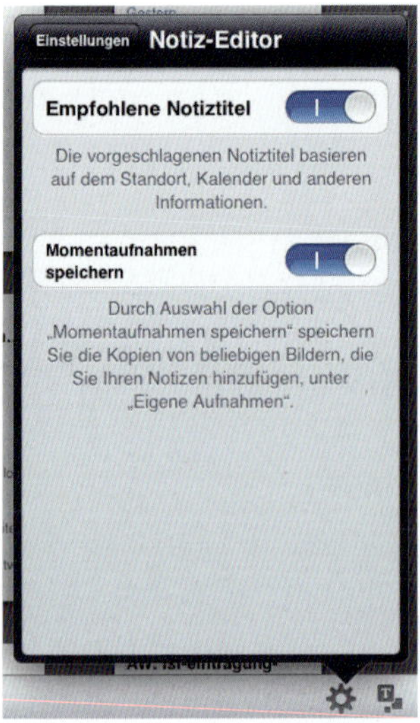

Abb. 6.12: *Die Verwendung empfohlener Notiztitel in den mobilen Apps erspart Tipparbeit (iPad)*

Denn auf mobilen Geräten schaut Evernote in dem Moment, in dem Sie eine neue Notiz anlegen, nach, was in Ihrem Terminkalender steht. Der Termintext wird für den Notiztitel genommen. Außerdem ermittelt Evernote selbsttätig, in welcher Stadt Sie sich gerade befinden und fügt den Städtenamen hinzu. Wenn kein Eintrag in Ihrem Standardkalender vorliegt, setzt Evernote die Straßenbezeichnung ein, in unserem Beispiel lautet der Titel dann »Audioaufnahme in Goethestr. 18, Köln«.

Dabei achtet Evernote darauf, ob der Termin nicht schon vorbei ist. Wenn Sie in Ihrem Kalender den Termin für »12:15 bis 14:00 Uhr« terminiert haben, wird der Titel nur bis 14:00 übernommen. Erstellen Sie die neue Notiz um 14:05 Uhr, wird zum allgemeinen Titel gegriffen. Wenn Sie auf die automatische Titelerstellung verzichten möchten, können Sie dies in den App-Einstellungen unter dem Punkt NOTIZ-EDITOR, EMPFOHLENE NOTIZTITEL festlegen.

6.1.4 Mobiles Nachschlagewerk

Genauso wichtig wie die Möglichkeit, unterwegs Fotos, Tonaufnahmen und kurze Texte in Evernote zu speichern, ist der Abruf von Informationen.

Wissen Sie noch, was das »Geheime Pfadfinderbuch« von Tick, Trick und Track war? Es wusste auf alles eine Antwort, alles konnte man nachschlagen.

Mit Evernote entsteht im Laufe der Zeit Ihr ganz persönliches »Pfadfinderbuch«. Daten, Adressen, Bedienungsanleitungen, Etiketten, Hinweise und … und … und … Das alles führen Sie in der Jackentasche mit sich.

Das Besondere an den Evernote-Apps auf Ihrem Smartphone ist, dass all diese Informationen nicht einfach nur als Dateien abgelegt sind, durch die man sich wühlen muss. Wie bereits in Kapitel 5 beschrieben, liefert Evernote ausgesprochen schnelle und einfache Suchfunktionen, Inhaltsverzeichnisse, Indizes usw. mit. Auf diese Weise finden Sie sehr schnell die gesuchte Information.

Noch eine weitere Besonderheit gibt es: Wenn Sie über einen erweiterten Account verfügen (siehe Abschnitt 9.2), können Sie auf Ihren mobilen Geräten beliebige Notizen zum »Offlinevorhalten« markieren. An besonders wichtige Informationen kommen Sie auf diese Weise auch an Orten, an denen kein Empfang besteht. Dabei muss man nicht nur an Flugzeuge denken, viel häufiger passiert dies im Supermarkt auf der unteren Einkaufsebene oder bei der Fahrt durch ländliche Regionen.

6.2 Tipps für unterwegs

6.2.1 Der Web Clipper für mobile Browser

Mit dem Web Clipper können Sie ganze Webseiten oder Teile daraus direkt als Notiz in Evernote speichern – dank Plugins z.B. für Firefox oder Chrome auf dem Desktop kein Problem (siehe Abschnitt 2.4).

Vergleichbare Plugins gibt es bei den Browsern von iPhone oder iPad zwar nicht (für Android gibt es gleich noch eine Empfehlung), aber Mobile Safari kann bestimmte Codezeilen, sogenannten Bookmarklets, interpretieren. Der Effekt ist vergleichbar mit einer Erweiterung, lediglich das Hinzufügen zum Browser ist – momentan – etwas umständlich (ich werde gleich noch einen leichteren Weg beschreiben):

1. Sie legen zunächst ein ganz »normales« Lesezeichen an, indem Sie z.B. den Link *http://evernote.com* im mobilen Browser aufrufen und LESEZEICHEN HINZUFÜGEN auswählen. Anschließend editieren Sie das gerade angelegte Lesezeichen wie folgt:
2. Sie vergeben einen einprägsamen Namen wie z.B. »Web Clipper« oder »an Evernote senden«, ganz nach Ihrem Geschmack.
3. Im nächsten Feld löschen Sie die Linkangabe vollständig und ersetzen den Text durch diese Codezeile:

```
javascript:(function(){EN_CLIP_HOST='http://
www.evernote.com';try{var%20x=document.createEle-
ment('SCRIPT');x.type='text/javascript';x.src=EN_CLIP_HOST+'/
public/bookmarkClipper.js?'+(new%20Date().getTime()/100000);
document.getElementsByTagName('head')[0].append-
Child(x);}catch(e){location.href=EN_CLIP_HOST+'/
clip.action?url='+encodeURIComponent(location.href)+'&title=
'+encodeURIComponent(document.title);}})();
```

4. Nun noch speichern – fertig. Beim ersten Aufruf des Web Clippers erscheint eine Abfrage, in der Sie Ihren Nutzernamen und Ihr Passwort eingeben – anschließend können Sie die Inhalte der Webseite in Evernote speichern, so wie Sie es auch von Ihrem Desktopbrowser kennen.

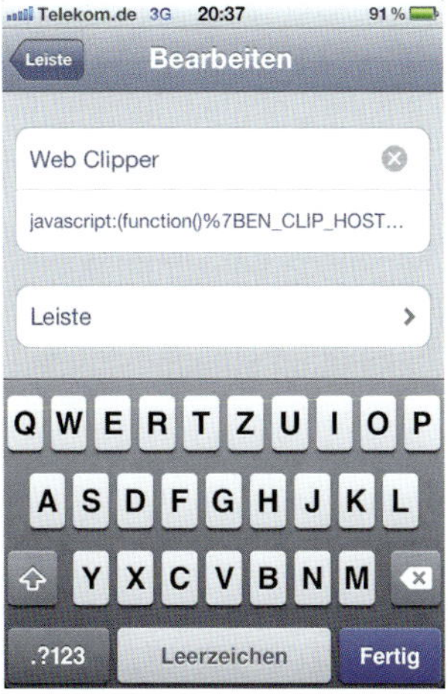

Abb. 6.13: *Der Web Clipper funktioniert auch im Browser von iPhone und iPad*

Sie können sich bei alternativen Browsern aber auch die Tipparbeit sparen: Eine Eins-zu-eins-Übertragung des Web Clippers für iPhone, iPod Touch und iPad bietet der Browser »iCab Mobile« (*http://www.icab.de/mobile.html*), der momentan ohnehin zu den besten Browsern auf diesen Geräten gehört. Dieser Browser hat eine eigene Plugin-Architektur, sodass einem das lästige »Kopieren von JavaScript-Code in Bookmark« erspart bleibt. Ein Klick genügt – und schon erscheint das gewohnte Tool mit allen Funktionen.

Abb. 6.14: *Bei iCab mobile ist der Web Clipper schon dabei*

Bei Smartphones oder Tablets, die auf dem Android-Betriebssystem basieren, ist durch die offenere Architektur das Einfügen eines Evernote-Plugins im Allgemeinen einfacher. Eine gute Alternative mit Evernote-Addon ist auch noch der Dolphin-Browser (*http://dolphin-browser.com*).

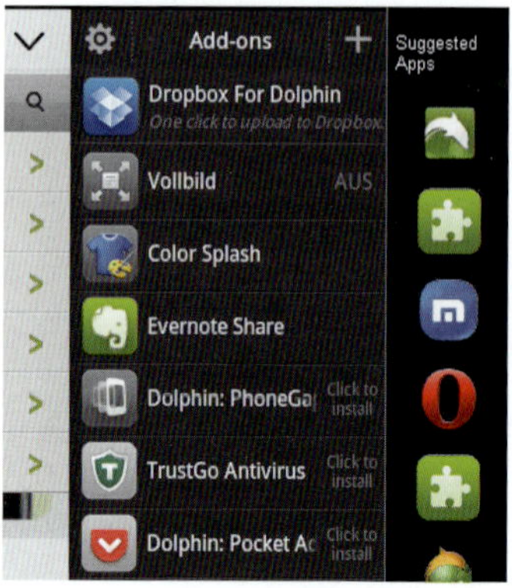

Abb. 6.15: *Evernote im Dolphin-Browser*

Tipp

Da wir gerade beim Thema »mobiler Browser« sind: Lange Links/URLs können Sie auch sehr einfach via Evernote übertragen. Sie stoßen während des Surfens auf einige interessante Links und möchten sich diese später via Smartphone näher anschauen? Da gibt es zwar viele Wege, die Ihnen das Abtippen auf dem Smartphone ersparen (z.B. die Synchronisation von Safari-Bookmarks via iTunes für das iPhone), aber wenn Sie ohnehin schon Evernote nutzen: Warum nicht einen kleinen Notizzettel parat haben, der das Zwischenspeichern der Links übernimmt? Auf dem Desktop via Web Clipper oder simplem »Copy&Past« in Evernote aufnehmen, synchronisieren, auf dem Smartphone antippen – und schon wird die Webseite aufgeblättert.

6.2.2 (Fast) Jede App wird zur Evernote-App

Wer ein Smartphone oder Tablet besitzt, nutzt in erster Linie die spezielle App von Evernote, die für sein System entwickelt wurde – was ja auch richtig ist. Des Weiteren ist richtig, dass es mehrere Hundert andere Apps gibt

– von Scanner-Apps bis E-Book-Diensten –, die einen speziellen Menüpunkt für den Export nach Evernote aufweisen. Android-Nutzer haben es hier besonders einfach: In vielen Apps können durch die Funktion »Teilen« oder »Freigeben« Informationen direkt an Evernote übergeben werden.

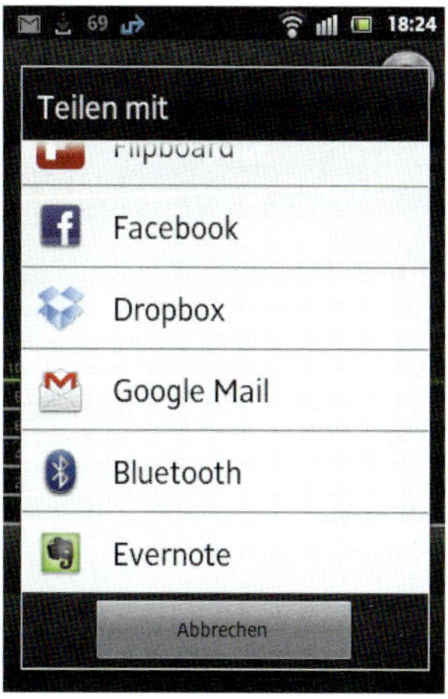

Abb. 6.16: *Android führt Evernote in vielen Anwendungen auf*

Aber wussten Sie auch, dass Sie die Resultate Ihrer Jogging-App, Ihrer Buchverwaltungs-App, Ihrer Rechen-App, Ihrer Routen-App und ... und ... und ... ohne große Umwege in Evernote aufnehmen können, selbst wenn die Exportfunktion fehlt?

Schreiben Sie an Ihr Evernote-Konto

Fast jede App hat eine Mailfunktion: Beim Audiorekorder kann man das Aufgenommene verschicken, Videos können an Mails angehängt werden, die Notizen-App erzeugt eine verschickbare PDF-Datei, aus dem Fotoalbum können Sie Screenshots verschicken – es gibt Möglichkeiten ohne Ende. Sie müssen nur jene persönliche Evernote-Mail-Adresse einsetzen, die Sie bereits kennengelernt haben (siehe Abschnitt 2.3.4). Am einfachsten ist es, wenn Sie diese in Ihrem Adressbuch auf dem mobilen Gerät speichern, dann müssen Sie meist nur ein paar Buchstaben im Empfängerfeld eingeben und es erscheint die vollständige Adresse zur Auswahl.

Mit diesem Trick machen Sie also jede App zu einem Programm, das nahtlos mit Evernote zusammenarbeitet. Alles, was Sie an diese Mailadresse verschicken, landet als Notiz in Ihrem Account.

Und falls Sie je den Verdacht haben sollten, dass jemand Ihre persönliche Evernote-Adresse unerlaubt gesehen hat – mit einem Button auf der Profilseite erzeugen Sie eine neue Mailadresse und die bisherige ist nicht mehr gültig.

Abb. 6.17: *Eine ganz spezielle Mailadresse*

Noch mehr mit der Evernote-Adresse machen

Alles, was Sie an diese Mail als Empfängeradresse senden, wird zu einer Evernote-Notiz. Besonders praktisch ist das für Mailweiterleitungen (wenn z.B. eine angehängte Rechnung für die Steuer in Evernote aufbewahrt werden soll) oder für mobile Apps, die ihre Werte/Resultate per Mail versenden können. Sie sollten diese Adresse also auf jeden Fall in Ihr Adressbuch aufnehmen, da dieses Verfahren ungemein praktisch ist.

Die verschickten Texte und Anhänge landen in Ihrem Standardnotizbuch. Sie können aber mit der Betreffzeile der verschickten Mail steuern, wenn ein anderes Notizbuch die Mail aufnehmen soll. Führen Sie einen Klammeraffen mit dem Namen des Notizbuchs an, also z.B. `@Archiv`.

Ebenso können direkt Schlagwörter via Betreffzeile vergeben werden, diesmal mit einer Raute wie `#Tagung`.

Zu beachten ist:

1. Das Notizbuch muss an erster Stelle kommen, die Schlagwörter danach, also `@Archiv #Tagung #Unterlagen`.
2. Sowohl Notizbuch als auch Schlagwörter müssen bereits angelegt sein. Sie können also keine neuen Elemente per Mail definieren.

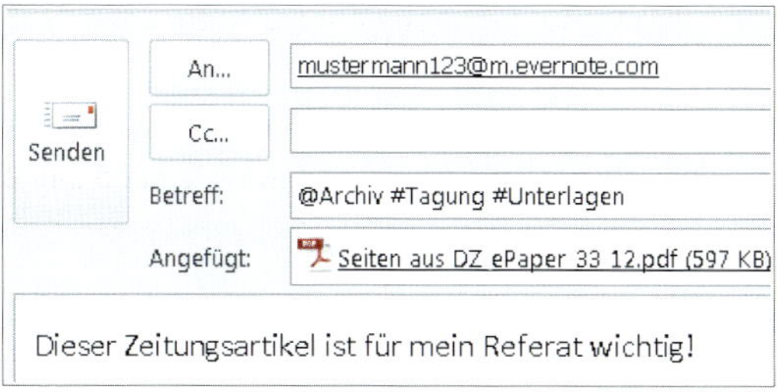

Abb. 6.18: *Die Betreffzeile der Mail kann zusätzliche Informationen aufnehmen*

Screenshots auf Mobilgeräten erstellen

Die Desktopversionen von Evernote haben ja bereits eine Screenshotfunktion integriert (z.B. bei der Windows-Version aufrufbar durch die Tastenkombination [⊞]+[Druck]). Sehr praktisch, denn in vielen Fällen möchte man seiner Notiz ja ein »Bild« von dem mitgeben, was man gerade auf seinem Monitor sieht. Sie müssen sich also nicht lange mit einem Copy&Paste-Prozess aufhalten, sich um Formatierungen usw. kümmern, wie das bei dem – allerdings präziseren – Web Clipper der Fall ist. Vor allem aber: Auch auf diese Weise »abfotografierter« Text durchläuft ja bei Evernote die automatisierte Texterkennung und kann so durch die Suchfunktion gefunden werden!

Zum Glück können Screenshots auch auf Smartphones und Tablets erzeugt werden. Bei iPhone und iPad geschieht dies durch das gleichzeitige Drücken des Home-Buttons und der Einschalttaste. Es macht kurz »klick« und eine Kopie vom Bildschirminhalt landet im Fotoarchiv. Bei Android-Geräten lässt sich oft die Screenshotfunktion durch etwas längeres Drücken des Ein/Aus-Schalters aufrufen.

Richtig nützlich wird die Sache, wenn man in Eile ist und auf seinem Smartphone etwas nachschlägt: Eine Adresse auf einer Webseite, einen Telefonbucheintrag, eine Information aus einer empfangenen Mail. Dinge, die man zwar in dieser Sekunde auf seinem Smartphone einblendet, die man aber im Evernote-Archiv »aufheben« will. Doch im Moment regnet es, man hat einen Termin, bis man abends sich wieder an alles erinnert, die Information rausfischt, sauber in Evernote einträgt ... das alles kostet zusätzliche Zeit. Abends genügt es, die Bildschirmfotos kurz zu markieren und an seine Evernote-Mailadresse (siehe oben) zu senden – in einem Rutsch ist alles archiviert.

6.2.3 Twitter: Zwitschere ein Memo

Sie verfügen über einen Twitter-Account und stoßen immer wieder auf kurze Informationen – ein Link, ein Bild, ein Motto usw. –, die Sie gerne in Evernote aufnehmen würden. Dann gibt es einen sehr kurzen Weg, solche Informationen »umzuleiten«:

1. Evernote hat einen Twitter-Account, der den Namen myEN trägt: *http://twitter.com/myen.*
2. Diesem Account folgen Sie, so wie Sie auch anderen Twitter-Accounts folgen. myEN wird umgehend an Ihr Twitter-Konto eine private Nachricht (DM, Direct Message) mit einem Link senden, den Sie zur Bestätigung anklicken. Damit weiß Evernote, welcher Twitter-Name zu Ihrem Evernote-Konto gehört.

Wenn Sie nun einen interessanten Beitrag in Ihrer Timeline entdecken, retweeten Sie diesen Beitrag einfach an myEN. Sie können das für jeden sichtbar handhaben mit dem Kürzel @myEN (es ist egal, an welcher Stelle im Text das auftaucht) oder unsichtbar mit einer privaten Nachricht – also indem Sie `@myEN` einfügen. Mit diesem Verfahren können Sie nicht nur interessante Informationen speichern, sondern sich auch gewissermaßen selbst Kurzmitteilungen wie `@myEN Heute Abend Grillkohle besorgen!` an Evernote senden. Sie ersparen sich damit den Aufruf der Evernote-Software, wenn Sie gerade in Twitter sind, was unterwegs eine kleine Erleichterung darstellen kann.

Abb. 6.19: *Notizen via Twitter an Evernote senden*

Kapitel 7

Apps und Erweiterungen

Es gibt bereits Hunderte von Apps, die sehr gut mit Evernote zusammenarbeiten – und täglich werden es mehr. Es würde den Rahmen dieser Einführung sprengen, wenn alle entsprechende Software aufgezählt werden sollte – am Ende des Buches finden Sie eine Linkliste mit zentralen Anlaufstellen, die über nützliche Apps berichten (siehe Abschnitt 9.3). Auf einige besonders interessante Programme, die ihre Stärken im mobilen Alltag unter Beweis stellen, will ich in diesem Kapitel aber eingehen.

7.1 Beispiele aus der Welt der Apps

7.1.1 Für Whiteboards und Flipcharts: Genius Scan (Android, iPhone)

Für Smartphones gibt es recht viele Anwendungen, die einen Scanner ersetzen sollen. Ein Merkmal dieser Apps ist, dass sie perspektivische Verzerrungen aufheben können (z.B. Trapezformen, wenn man ein Schriftstück von schräg oben oder eine Tafel von der Seite aus fotografiert). Wer ein Android-Smartphone oder ein iPhone besitzt, der sollte sich einmal die kostenlose App *Genius Scan* näher ansehen (*http://www.thegrizzlylabs.com/*):

- Verzerrungen werden automatisch erkannt, können aber auch manuell korrigiert werden.
- Neben dem Farbfotomodus gibt es einen Schwarz-Weiß-Modus, der wesentlich kleinere Dateien erzeugt.
- Der Versand an Evernote (als Bild) klappt problemlos via Evernote-Mailadresse.
- Es können mehrere Dokumente zu einem einzigen PDF »geheftet« und in der Evernote-App geöffnet werden.

Für ein paar Euro gibt es eine Plus-Version, die direkt nach Evernote exportieren kann, aber Sie haben ja schon gesehen, dass dies auch via Mail-Versand möglich ist. Besonders nützlich ist so ein Scan-Programm auf Tagungen und Workshops, bei denen mit Flipcharts, Karten, Tafeln usw. gearbeitet wird. Da kann man sich nicht immer frontal aufstellen, um ein Whiteboard-Foto zu schießen. Mit Genius Scan erzielt man ein recht passables Ergebnis, auch wenn man von seinem Sitzplatz aus aufnimmt.

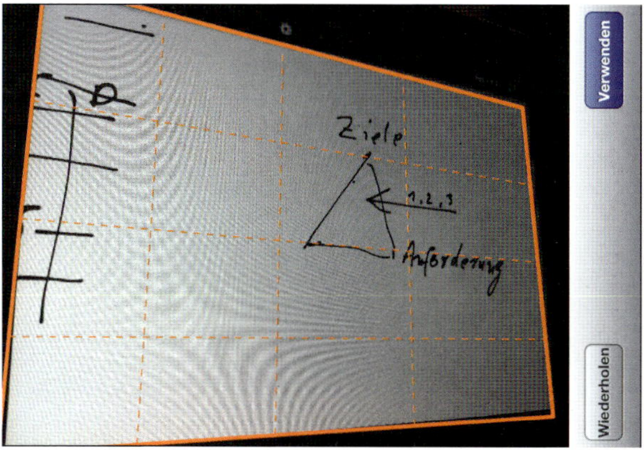

Abb. 7.1: *Mit Genius Scan Whiteboards aufnehmen*

7.1.2 Für Skizzen auf dem Smartphone: neu.Notes (iPhone, iPad)

Fotos, Audio und »getippter« Text sind mit der Evernote-App kein Problem. Aber manchmal wäre eine kleine Skizze gut oder man möchte auf einem Foto schnell noch ein paar Markierungen unterbringen. Nun gibt es zwar für das iPad aufgrund der großen Oberfläche tolle Zeichen- und Handschriften-Apps, bei den Smartphones ist allerdings naturgemäß alles eine Nummer kleiner. Aber auch für diese Geräte lassen sich recht pfiffige Skizzen-Apps finden. Beispielhaft sei hier für das iPhone die kostenlose Software *neu.Notes* (*http://www.neupen.com/*) genannt:

- Die Schreibfläche ist erweiterbar und scrollbar – es steht also sehr viel mehr Raum zur Verfügung als nur die Bildschirmgröße des Smartphones.
- Sie können die Fläche zoomen, also beispielsweise ein kleines Quadrat zeichnen, vergrößern, in das Quadrat schreiben usw.
- Neben Strichen, geometrischen Figuren, kleinen Icons können auch Texteingabefelder platziert werden.
- Für handschriftliche Einträge steht ein Lupenfenster zur Verfügung.
- Besonders nützlich: Es lassen sich Fotos laden bzw. einbetten, Sie können direkt auf den Grafiken zeichnen.

- Google Maps ist integriert – der gewünschte Kartenausschnitt landet direkt in neu.Notes und lässt sich mit Anmerkungen versehen.

Das Endprodukt kann – via persönlicher Evernote-Mailadresse – an Evernote verschickt werden. Und zwar, neben PNG und JPG, auch als PDF mit Vektorelementen, sodass verlustfreies Zoomen möglich ist und das Ganze auch auf einem großen Monitor gut lesbar ist.

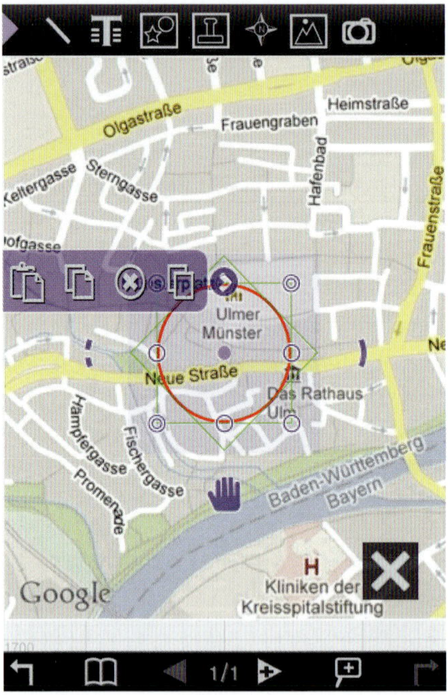

Abb. 7.2: *neu.Notes – Fotos und Karten lassen sich mit Anmerkungen versehen*

7.1.3 Feed-Artikel an Evernote senden: Mr. Reader (iPad)

Feeds sind eine wunderbare Angelegenheit: Anstatt mühsam seine Lieblingsseiten im Web aufzusuchen, landen neue Beiträge automatisch an einer »Sammelstelle« wie dem Google Reader und können ohne lästigen Werbeballast durchgeblättert werden. Gleichgültig, ob Sie Feeds Ihrer

Hochschulseite, Ihres Sportmagazins oder eines Nachrichtenangebots abonnieren – alles kommt hübsch sortiert in Ihren Ordnern an.

Die Nutzung solcher Feeds ist durch mobile Apps wie Flipboard, Pulse oder Reeder in den letzten Jahren explosionsartig angestiegen, die meisten dieser Apps haben auch direkte Exportmöglichkeiten nach Evernote, wie z.B. die bekannte App *Reeder* (*http://reederapp.com/*), oder es lassen sich zumindest per Mailversand einzelne Artikel an Evernote schicken und dort archivieren. Das Schöne daran ist, dass die Artikel bereits »bereinigt« – also meist als Text plus Illustrationen – in Evernote landen und so auch dort ein sauberes Bild hinterlassen.

Eine iPad-App aus Berlin ist bezüglich der Evernote-Integration vorbildlich: *Mr. Reader* (*http://www.curioustimes.de/mrreader/*; 2,99 Euro). Diese App lässt es sogar zu, dass Sie vor dem Versenden eines Feed-Artikels das Notizbuch auswählen, Schlagwörter vergeben und zusätzliche Notizen anfügen – der Export selbst ist ebenfalls ungewöhnlich schnell. Zu Recht ist diese App immer ganz vorn in den Charts gelistet.

Abb. 7.3: *Mr. Reader sendet Feed-Artikel an Evernote*

7.1.4 Mit Evernote in der Buchhandlung (Android, iPhone)

Die Frankfurter Buchmesse hat ihre Pforten geöffnet oder das Weihnachtsgeschäft naht – explosionsartig wachsen die Bücherberge in den Buchhandlungen. Schöne Einbände, originelle Titel, spannende Klappentexte – jetzt sollte man Zeit zum Schmökern haben und nach vier Stunden strahlend den Heimweg mit einem ganzen Stapel Bücher antreten. Aber in der Hektik des Alltags hat man so viel Zeit und Ruhe eher selten – und sich dann noch für das richtige Buch zu entscheiden, ist auch nicht so einfach. Vielleicht doch noch mal zu Hause überlegen, ob die gewünschten Titel wirklich die Geldausgabe wert sind oder sich wirklich als Weihnachtsgeschenk eignen?

Abb. 7.4: *Buchtitel merken mit dem Amazon-Scanner*

Nun, was man natürlich problemlos machen könnte: Einfach mit der Evernote-App Fotos im Buchladen als Erinnerungsstütze aufnehmen und zu Hause die Titel z.B. in Google eintippen, um Besprechungen zu finden. Aber wenn Sie schon ein Smartphone besitzen, geht es sogar noch einen

Tick eleganter. Sie greifen beispielsweise zur kostenlosen Amazon-App und halten Ihr Phone nur kurz über den ISBN-Strichcode einer Buchrückseite. Schon wird das Buch bei Amazon gefunden. Der Trick ist nun, auf den Button rechts oben zu klicken – damit können Sie den Link an Ihre Evernote-Adresse (die man ohnehin standardmäßig in seinen Kontakten vorrätig haben sollte) senden. So finden Sie in Ihrem Evernote dann Notizzettel, die nicht nur Cover, Titel und Preis enthalten, sondern auch anklickbare Links (zum Amazon-Angebot), die Ihnen das Tippen ersparen.

Wenn Sie noch einen Schritt weitergehen wollen, vergeben Sie – nach Durchsicht der Besprechungen – den verbliebenen Notizzetteln das Stichwort »Weihnachtsgeschenke«, und haben damit ohne weitere Arbeit direkt einen Einkaufszettel auf Ihrem Smartphone für den nächsten City-Bummel.

7.1.5 Mit dem Tablet in die Besprechung

Ob iPad, Android-Tablet oder Microsoft Surface – die Bedienung mit dem Finger steht im Vordergrund. Allerdings hat sich seit den ersten Tablets doch recht bald gezeigt, dass für Skizzen oder handschriftliche Texte ein Stift sehr nützlich ist. Insbesondere da es viele Apps gibt, die speziell für Mitschriften entwickelt wurden.

Evernote selbst hat die Nummer eins der Apps auf dem iPad-Markt kurzerhand gekauft: *Penultimate* (siehe Abschnitt 7.3.2). Zum Glück gehört Evernote nicht zu jenen Unternehmen, die einen Kauf tätigen, um eine Firma zu schließen – Penultimate hat alle Freiheiten, seinen eigenen Weg zu gehen. Aber natürlich findet sich ein Evernote-Export-Punkt in der App.

Dank der neuen Stifte wie etwa dem Bamboo Stylus von Wacom kann man also fast wie auf Papier schreiben. Das wirkt sich sehr wohltuend bei Besprechungen aus: Die Teilnehmer sitzen nicht mehr hinter aufgeklappten Monitoren, man kann sich ansehen und auf den Sprecher konzentrieren. Dieser wiederum wird dankbar dafür sein, wenn er nicht das permanente Geklapper von Tasten hört, sondern das Gefühl hat, dass die Zuhörer mit-»schreiben«.

Die handschriftlichen Notizen können anschließend sofort nach Evernote exportiert werden, sogar im PDF-Format und bei manchen Programmen in einer Vektorvariante, die beliebig große Zoomstufen zulässt. Und wie schon mehrfach erwähnt: Evernote kann auch Handschriften entziffern, sofern diese noch einigermaßen lesbar sind, und für Suchvorgänge zur Verfügung stellen. Aber natürlich können Sie später in Evernote auch ein paar Zeilen dazutippen, wenn Sie auf Nummer sicher gehen wollen.

Und da Tablets auch über Kameras verfügen, können Flipcharts und Whiteboards abfotografiert werden, die PDF-Vorlagen können direkt an Evernote übergeben werden.

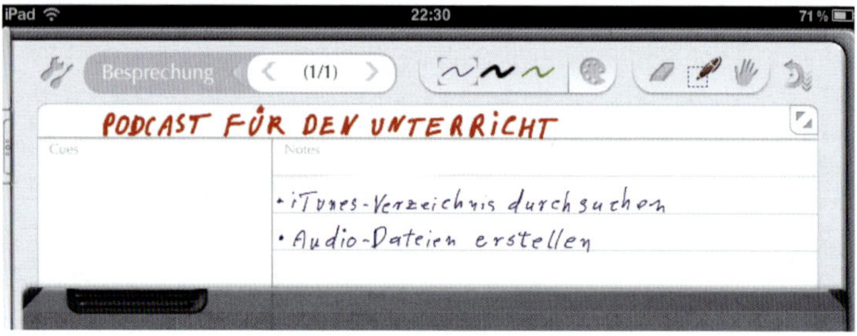

Abb. 7.5: *Mit Notes Plus handschriftliche Notizen an Evernote schicken*

7.2 Klarer lesen – mit Clearly, Pocket & Co.

Im World Wide Web finden sich viele hervorragende Inhalte – allerdings oft umrahmt von Menüpunkten, Werbekästen, Börsenkursen, Linklisten usw. Daher gibt es schon länger Ergänzungen und Erweiterungen für alle Browser, die versuchen, einen Text möglichst »ballastfrei« zur Verfügung zu stellen. Die Ergebnisse können sich sehen lassen: Meist wirkt ein Artikel dann wie eine (E-Book-)Seite, ist gut lesbar und frei von ablenkenden Inhalten. Evernote selbst bietet mit Clearly eine Lösung an, die sich hervorragend im Alltag bewährt hat. Es lohnt aber auch der Blick auf weitere Dienste, die jeweils ihre eigenen Vorteile haben.

7.2.1 Clearly – Vorhang auf!

Der Vergleich mit einem Vorhang bietet sich an, weil die Browsererweiterung *Clearly* (*http://evernote.com/clearly/*) mit einer kleinen Animation den »klaren« Text über die vorhandene Webseite »schiebt« – und nach getaner Arbeit wieder »zurückschiebt«.

Abb. 7.6: *Ein Onlineartikel der WAZ – ohne und mit Clearly*

Clearly gibt es momentan für die Browser Firefox und Chrome; aber auch für Freunde von Internet Explorer, Safari oder Opera werden in diesem Abschnitt Dienste vorgestellt, die ähnliche Möglichkeiten bieten.

Sie können also zunächst den aktuellen Text einer Webseite in einem besseren Format lesen. Wenn Sie diesen Text auch archivieren möchten, genügt ein Klick auf das kleine Evernote-Icon in der rechten Seitenleiste.

***Abb. 7.7:** Layout auswählen oder Artikel an Evernote senden*

Unter dem Elefantenkopf befinden sich die Buchstaben »Aa«. Mit diesem Menüpunkt kann man nicht nur die Schriftgröße rasch verändern, auch Fonts und Hintergründe lassen sich mit einem Klick auswählen. Sie können sich also aussuchen, ob Sie lieber eine »zeitungsähnliche« Darstellung haben möchten (Serifenschrift auf hellgrauem Hintergrund), es kontrastreich lieben (etwa bei hellem Sonnenlicht) oder abends einen »Nachtmodus« bevorzugen, damit der Bildschirm nicht zu sehr blendet und die Augen anstrengt.

Besonders nützlich ist die neue Funktion, Texte in Clearly farblich markieren zu können. Diese Markierungen bleiben in Evernote erhalten, sodass Sie beim späteren Nachschlagen sofort zentrale Textpassagen im Blick haben.

Unbeachtet bleibt meist die vierte Option – BENUTZERDEFINIERT. Im Einstellungsmenü von Clearly (aufrufbar unter dem Browsermenüpunkt ADD-ONS, CLEARLY, EINSTELLUNGEN) verbergen sich viele Feinjustierungen. Damit kann man sich sein individuelles Layout zusammenstellen, ganz abgestimmt auf den eigenen Bildschirm, Lichtverhältnisse, Sehgewohnheiten usw. Einstellbar sind

- Schriftart und Schriftfarbe,
- Hintergrundfarbe,
- Zeilenhöhe/Durchschuss,

- Zeilenbreite,
- Blocksatz usw.

Ebenso lassen sich individuelle Einstellungen für die Druckfunktion vorgeben, z.B. dass keine Grafiken ausgedruckt werden sollen. Wer sich mit CSS etwas auskennt, der kann sogar noch feinere Einstellungen vornehmen – bis hin zum Einblenden eines Firmenlogos (nett, um z.B. aus spröden Webseiten ein individuelles PDF-Dokument zu erstellen).

Mit dem zweiten Menüpunkt OPTIONEN (linke Sidebar) können Tastenkombinationen für den Aufruf von Clearly individuell definiert und ein Standardschlagwort für die Speicherung in Evernote festgelegt werden (z.B. »Archiv«).

Abb. 7.8: *Clearly bietet viele Möglichkeiten der Anpassung*

Tipp

Wenn Sie öfter Clearly nutzen, lohnt sich das Merken der Tastenkürzel, die in diesem Fall besonders einprägsam sind:

- Strg+Alt+Pfeil → = Clearly aufrufen
- Strg+Alt+Pfeil ← = die ursprüngliche Webseite erscheint wieder
- Strg+Alt+Pfeil ↑ = der Text wird in Evernote gespeichert

Übrigens haben Evernote und Clearly inzwischen sogar Eingang auf E-Readern gefunden. Der im Herbst 2012 erschienene Sony PRS-T2 kommt mit einer Evernote-Anbindung ins Haus. Markierungen, die in E-Books vorgenommen werden, können im eigenen Evernote-Konto gespeichert werden. Und umgekehrt stellt das Lesegerät Webseiten dar, die mit Clearly gespeichert wurden.

7.2.2 Pocket, ein Dienst für alle Fälle

Neben Clearly gibt es noch andere Dienste, die Webinhalte als »bereinigte« Seiten für ein späteres Lesen zur Verfügung stellen. Denn viele Internetnutzer haben das gleiche Problem: Beim Surfen entdeckt man eine interessante Information, hat aber gerade keine Zeit, sich dem Inhalt zu widmen. Die Namen der bekanntesten Vertreter solcher »Später lesen«-Dienste sind *Readability* (*http://readability.com/*), *Instapaper* (*http://www.instapaper.com/*) und *Pocket* (*http://getpocket.com/*). Wir werden uns im Folgenden die Vorteile des Dienstes Pocket in der Zusammenarbeit mit Evernote näher anschauen.

Pocket ist im Web das, was man einen »alten Bekannten« nennt – bis 2012 trug der Dienst den Namen »Read It Later« und konnte via Browsererweiterung Texte von Webseiten aufnehmen. Durch den Siegeszug von Smartphone und Tablet erweiterte der Dienst sein Spektrum z.B. auf Videos, rüstete auch optisch um und gab sich den Namen »Pocket«.

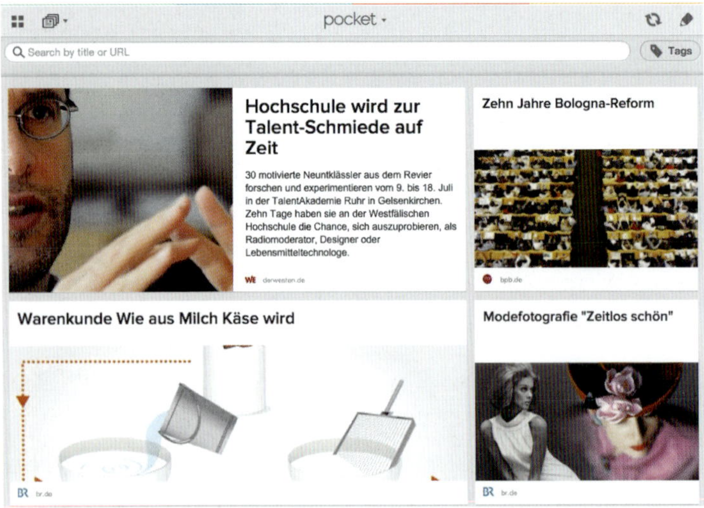

Abb. 7.9: *Gespeicherte Artikel werden in Pocket als Magazin dargestellt*

Die Besonderheit von Pocket ist, dass es den ersten Darstellungsschritt – die Anzeige der bereinigten Seite – überspringt und eine Seite fast »unbemerkt« in sein Archiv aufnimmt, eben nicht zum »jetzt lesen«, sondern zum »später lesen«. Ein kurzer Klick auf das Icon einer Browsererweiterung (oder das Auswählen eines Bookmarklets bei mobilen Geräten) genügt, sofort wird der Link an den Dienst übergeben. Diese Übergabe geschieht außerordentlich schnell, weil die eigentliche Formatierung auf den Servern von Pocket geschieht, während der Anwender schon längst weiter auf anderen Seiten surft. Auf diese Weise entsteht ein »Lesearchiv«, das auch offline zur Verfügung steht.

Besonders »aufhebenswerte« Artikel lassen sich bei den mobilen Anwendungen von Pocket, die es für Android-Smartphones, iPhones und iPads kostenlos gibt, direkt an Evernote weiterleiten.

Abb. 7.10: *Von Pocket an Evernote auf Fingerdruck*

Eine typische Alltagssituation ist, dass man während der Recherche zu einem Thema auf eine Webseite kommt, deren Inhalt zwar interessant ist – etwa ein tagespolitisches Ereignis –, aber das Lesen in diesem Moment ablenken würde oder man die Zeit dazu nicht hat. Mit einem Klick kann man die Seite vergessen und in seiner Recherche fortfahren. Da eine Synchronisation mit allen mobilen Geräten möglich ist, kann man den Inhalt z.B. bequem auf der Heimfahrt im Zug auf seinem Smartphone lesen, was auch ohne Internetverbindung möglich ist. Oder am nächsten Morgen auf seinem Tablet beim Frühstück (obwohl man sich beim Frühstück lieber mit seinem Gegenüber unterhalten sollte).

Auch der umgekehrte Weg funktioniert: Unterwegs entdeckt man einen interessanten Artikel, klickt in seinem Smartphone-Browser kurz auf das Pocket-Icon und liest den Inhalt später auf dem großen Bildschirm im Büro.

Natürlich ist dieses ganze Vorgehen auch direkt mit Evernote, Clearly oder dem Web Clipper umsetzbar. Trotzdem macht es in vielen Fällen Sinn, Evernote einen zweiten Lesedienst zur Seite zu stellen:

- Evernote sollte in erster Linie ein Dienst für die etwas »wertvolleren« Inhalte sein. Wenn Sie täglich fünf politische Artikel archivieren, die Sie nur einmal kurz überfliegen, müssen Sie Evernote immer wieder »entrümpeln«, damit Ihnen nicht der Blick auf wichtigere Notizen versperrt wird.
- Pocket können Sie nach dem Motto nutzen: Später anschauen, hat sich der Text erledigt und wird nicht weiter gebraucht, wandert er automatisch beim Pocket-Dienst in einen Archivbereich.
- Ist unter den »Später lesen«-Beiträgen aber doch ein Inhalt, den Sie wichtig finden, genügt bei den mobilen Pocket-Apps ein Fingertip auf den bekannten »Weitergabepfeil« – Evernote ist bereits als »Empfangsdienst« eingebaut!
- Während der Aufbau der Evernote-Apps auf das schnelle Finden und Organisieren von Information ausgerichtet ist, liegt der Schwerpunkt bei Pocket auf dem »schnellen Blättern«. Sie erhalten das Gefühl eines E-Books und haben auch große Textmengen rasch durchgeschaut.

Allerdings arbeitet Evernote gerade daran, bei seiner Software E-Book-ähnliche Darstellungen zu ermöglichen – man darf gespannt sein!

7.3 Evernote ist nicht allein: Die Evernote-Familie

Zwar steht das »pure« Evernote-Programm im Mittelpunkt dieses Buches, aber das Unternehmen hat inzwischen eine Reihe zusätzlicher Programme entwickelt oder erworben, die sehr gut mit dem Notizentool zusammenarbeiten. Der Blick auf die einzelnen Programme lohnt daher.

7.3.1 Skitch – Screenshots rasch markiert (Mac, iPad, Android)

Skitch (*http://evernote.com/skitch/*) ist ein alter Bekannter im Mac-Bereich, Evernote hat die Software übernommen und stellt sie kostenlos zur Verfügung. Zwar kann die Desktopanwendung von Evernote selbst Screenshots erzeugen und speichern, doch bei Skitch werden eine Reihe von Markierungswerkzeugen mitgeliefert: Pfeile, Textboxen, Umrahmungen usw. Wenn Sie also beispielsweise einen Kartenausschnitt von Google Maps einfangen, können Sie noch kurz den Weg zur Grillparty markieren – und ab damit ins Evernote-Archiv. Oder auf dem Foto vom Whiteboard werden wichtige Punkte umrahmt, ein Scan mit einer Notiz versehen, etwas per »Leuchtstift« hervorgehoben usw. Skitch gibt es für Mac, iPad und Android. Wieder ist es das Elefanten-Icon, mit dem der fertig markierte Screenshot in Evernote als neue Notiz aufgenommen wird.

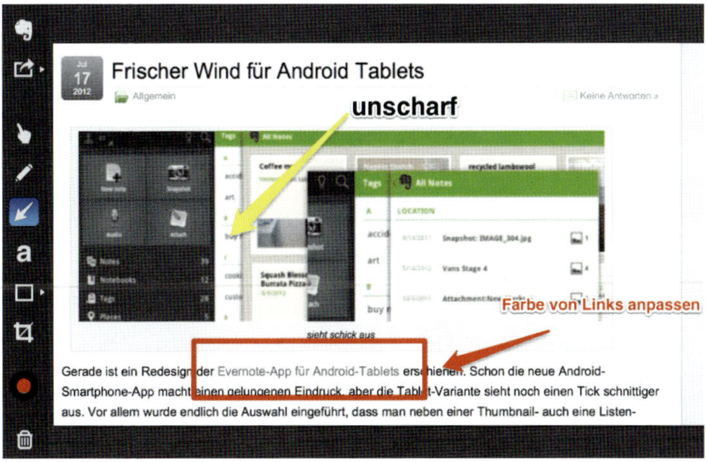

Abb. 7.11: *Skitch – Screenshots mit Anmerkungen versehen*

Tipp

Beim iPad kann ein Screenshot aus jedem laufenden Programm heraus mit dem gleichzeitigen Drücken der Home- und der Einschalttaste erstellt werden.

Das Bild wandert dann ins Fotoalbum. Bei der Skitch-App könnten Sie diesen Screenshot dann aus dem Fotoalbum holen – wenn Sie aber gerade etwas in die Zwischenablage kopiert haben, müssen Sie nur ein paar Sekunden warten und der frische Screenshot wird direkt eingeblendet.

7.3.2 Penultimate – ein Skizzenblock für Evernote (iPad)

Penultimate (*http://evernote.com/penultimate/*, 0,79 Euro) führt seit seinem Erscheinen die Charts der Notizprogramme auf dem iPad an und ist ein Programm für Menschen, die im analogen Leben gerne herkömmliche Notizbücher aus dem Hause Moleskine oder Field Notes benutzen. Mit der App kann man besonders gut kleine Skizzen erzeugen, etwas handschriftlich notieren – z.B. mit einem der vielen Stifte, genannt »Stylus«, die es inzwischen für das iPad gibt – oder markieren. Sogar Fotos können eingefügt und beschriftet werden. Alles wirkt sehr »papiermäßig«, ähnlich wie z.B. die Reisetagebücher, die man früher führte. Auch »Papierhintergründe« lassen sich verändern, z.B. Karos oder Notenlinien einblenden. 2012 übernahm Evernote zwar Penultimate, hat die weitere Entwicklung aber nicht beeinflusst, sondern lässt dem Entwickler freie Hand. Integriert ist die Übergabe von »Notizblättern« an Evernote, dort erscheinen sie dann als Grafiken und können – wie alle anderen Bilder – via OCR durchsucht werden.

Es können beliebig viele Notizbücher angelegt werden, sodass Sie Notizen leicht nach Themen trennen können (z.B. »Entwürfe«, »Protokolle«, »Tagung«). Über eine Thumbnail-Vorschau können Sie einzelne Seiten sehr leicht innerhalb eines Notizbuchs oder von Notizbuch zu Notizbuch verschieben.

Nicht nur einzelne Seiten, sondern auch ganze Notizbücher können an Evernote gesendet werden. Im zweiten Fall entsteht eine Einzelnotiz, die alle Blätter in Form von einzelnen Grafikdateien aufnimmt (JPEG-Format).

Penultimate ist zu Recht eine sehr beliebte Applikation, da alles sehr »smoothig« ineinandergreift. Sie überschüttet den Anwender nicht mit einer Menge von Funktionen, die im Alltag oft doch nicht genutzt werden.

Wer trotzdem mehr benötigt, z.B. eine vektorbasierte Umsetzung von Handschriften, dem empfehle ich einen Blick auf meine persönlichen Favoriten *Notes Plus* (*http://notesplusapp.com/*, 5,99 Euro) oder *UPad* (*http://www.pockeysoft.com/*, 3,99 Euro oder kostenlose »Lite«-Version, mit Evernote-Anbindung).

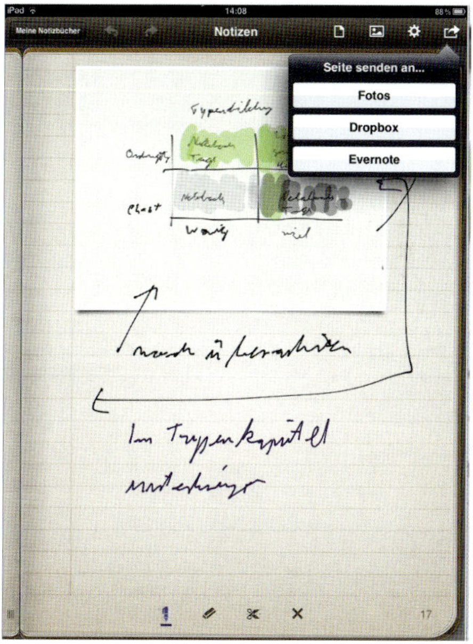

Abb. 7.12: *Auch Grafiken können eingefügt werden*

7.3.3 Evernote Peek – Notizbücher werden zu Lernkarten (iPad)

Evernote Peek (*https://evernote.com/intl/de/peek/*) ist eine kostenlose App für das iPad, mit der sich auf pfiffige Weise Wissensstoff abfragen lässt. Dabei macht sich die App eine Eigenschaft der »Standardabdeckung« zunutze: Das sogenannte »Smartcover«, das durch die eingebauten Magnete iPad2 bzw. iPad3 automatisch ein- und ausschaltet, lässt sich mehrfach falten. Heben Sie nun nur den ersten Teil des Covers an, so erfahren Sie die Frage und können über die Antwort nachdenken. Heben Sie die Abdeckung etwas weiter an, so erscheint die Lösung und Sie können antippen, ob Sie richtig oder falsch lagen. Auf der Evernote-Seite wird der Vorgang recht gut illustriert:

Abb. 7.13: *Eigene Lernkarten mit Evernote erstellen*

Wenn Sie eine andere iPad-Hülle verwenden, ist dies auch kein Problem – das Programm stellt ein virtuelles Cover zur Verfügung, mit dem Sie den Vorgang simulieren können.

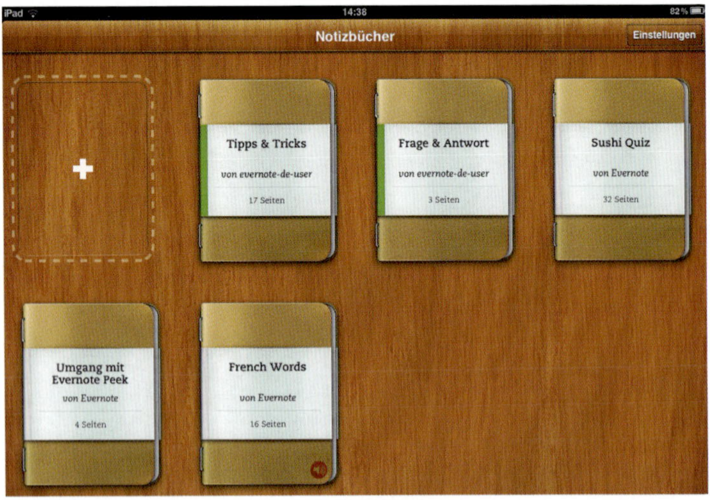

Abb. 7.14: *Auch eigene Evernote-Notizbücher können zur Abfrage herangezogen werden*

Es gibt eine Anzahl fertiger »Lernbücher«, z.B. über geografische Themen oder zum Sprachenlernen. Genial ist aber, dass man ganz bequem eigene »Lernkarteien« einbinden kann. Dazu erstellen Sie einfach in Ihrer gewohnten Evernote-Umgebung ein Notizbuch, sagen wir: »Fragen zum Führerschein«, und gewähren der Peek-App den Zugang zum eigenen Evernote-Account. Die Notizen in diesem Notizbuch ergeben dann die Lernkarten: Der Titel eines Notizblatts (etwa »Wer hat bei einer Kreuzung ohne Schilder Vorfahrt«) wird zur Frage, der Inhalt des Notizblatts (z.B. die Zeichnung einer Kreuzung) ergibt die Antwort. Auf diese Weise können auch Audiodateien, Grafiken und Videos in der Lösung erscheinen, was unzählige Möglichkeiten ergibt, die weit über einen Karton-Karteikasten hinausgehen.

Aber nicht nur Notizbücher des eigenen Evernote-Kontos können eingebunden werden, auch geteilte Notizbücher, die öffentlich sind oder im eigenen Account eingebunden sind, können genutzt werden. Und umgekehrt kann ein Abfrage-Notizbuch, das Sie selbst erstellt haben, anderen Evernote-Nutzern zur Verfügung gestellt werden. Hier ein Beispiel eines deutschsprachigen Forums (*http://www.hsw.onpw.de/blog/2012/05/02/evernote-versuch-macht-klug-2/*), das in Form von geteilten Evernote-Notizbüchern realisiert wurde und in dem sich Nutzer gegenseitig Anregungen geben:

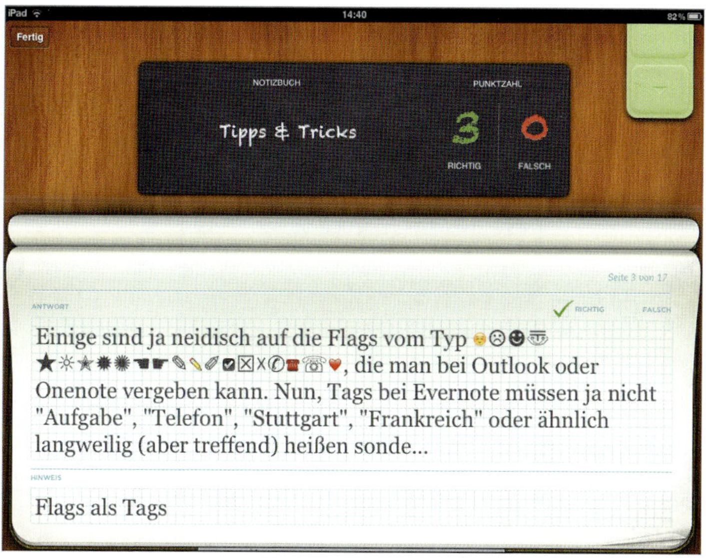

Abb. 7.15: *Ein Forumsbeitrag kann ebenfalls in Peek verwendet werden*

Damit ergeben sich sehr interessante Möglichkeiten im schulischen Bereich, da es inzwischen auch in Deutschland Schulklassen gibt, denen iPads zur Verfügung gestellt werden (z.B. an einem Kölner Gymnasium: *http://ipadkas.wordpress.com/*): Der Fachlehrer kann auf diese Weise Inhalte, die genau zu seinen Unterrichtseinheiten passen, als virtuelle Lernkarteien zur Verfügung stellen. Interessant dürfte dies auch für den beruflichen Bereich sein, denn zu vielen technischen Neuerungen existieren noch keine Fachbücher. Wenn man so will, kann man also Lehrbücher auf sehr einfache Weise selbst erstellen.

7.3.4 Food – das digitale Rezeptbuch (iPhone, Android)

Evernote Food (*http://evernote.com/food/*, kostenlos) ist sehr schick gemacht und dient dem – fotografischen – Festhalten von Essenseindrücken: Ein Kuchen, der besonders gut gelungen ist, eine überraschend gut schmeckende Vorspeise im neuen Restaurant, ein Gericht bei Freunden, etwas Neues, das man im Urlaub ausprobiert hat, usw.

Abb. 7.16: *Erinnerungen gehen durch den Magen*

Da jede Rezeptnotiz mehrere Fotos umfassen kann, können Sie sogar den ganzen »Kochprozess« vom Zusammenrühren der Zutaten bis hin zum fertigen Gericht samt Stichpunkten festhalten. Auf Wunsch greift die App auf die Forsquare-Datenbank (*https://de.foursquare.com/*) zu, die Adressen und Einzelheiten zu Restaurants in der Umgebung bereits gespeichert hat. Damit finden Sie auch in einer fremden Stadt das »tolle Lokal«, das Sie zufällig am vorherigen Tag entdeckt haben, auf Anhieb wieder.

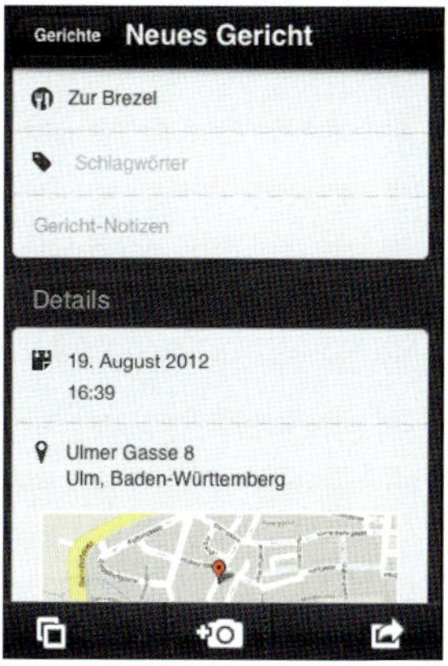

Abb. 7.17: *Eine »Restaurant-Datenbank« ist auch dabei*

7.3.5 Hello, du da! (iPhone, Android)

Und noch eine iPhone-App stammt direkt aus dem Hause Evernote: *Hello* (*http://evernote.com/hello/*). Ob auf Messen oder Tagungen, bei Festen oder im Urlaub – ständig lernen wir neue Personen kennen. Nun ist es die eine Sache, alle möglichen Visitenkarten oder Adressnotizen zu sammeln – meist verschwimmt der erste Eindruck schon nach wenigen Wochen. Oder man fängt ein Gesicht in seinem Adressbuch ein, sofort weiß man wieder, wie das Gegenüber damals auf einen gewirkt hat.

Doch gerade neue Bekanntschaften mögen es ja nicht unbedingt, wenn man sein Smartphone auf sie richtet und sagt: »Ich mach mal eben ein Foto von Ihnen!« Wenn eine solche Aufnahme infrage kommt, gibt es mit Hello eine weitaus dezentere Methode: Sie reichen dem Gegenüber das Smartphone mit der aufgerufenen App und bitten ihn, von sich selbst ein kleines Foto zu machen. Dank der Face-Kameras, die in heutigen Smartphones in der Regel als Zweitkamera eingebaut ist, sieht der Betreffende vor der Aufnahme den Ausschnitt und kann selbst entscheiden, wie er sich ablichten möchte. Automatisch werden die Standortdaten hinzugefügt, weitere Ergänzungen können entweder manuell oder aus dem Adressbuch hinzugefügt werden.

Abb. 7.18: *Hello – besser als Visitenkarten*

Sowohl bei Food als auch bei Hello werden intelligente Verknüpfungen zum eigenen Evernote-Account hergestellt: Neue Rezept- oder Adressangaben werden dort in eigens formatierte Notizblätter aufgenommen. Umgekehrt kann jede App nach bereits vorhandenen Notizen suchen, die etwas mit dem Rezept oder der Person zu tun haben.

Die Liste neuer Evernote-Produkte wird sich sicher in der nächsten Zeit fortsetzen. Ziel wird auch weiterhin bleiben, die »Kernsoftware« Evernote um sinnvolle Produkte zu ergänzen, die das Erfassen von Information erleichtern.

7.3.6 Moleskine-Notizbücher für Evernote

Ganz neu in der Evernote-Familie ist eine spezielle Notizbuchkollektion aus dem Hause Moleskine. Die (Papier-)Notizbücher weisen einige Besonderheiten auf, die sie besonders geeignet für die Zusammenarbeit mit Evernote machen:

- Die Linien auf den Blättern sind mit einem speziellen Punktmuster versehen, das der Evernote-App ermöglicht, Smartphone-Schnappschüsse zu justieren. Die aufgenommene Seite wird »gerade gerückt« und beschnitten, der Kontrast verbessert usw.
- Außerdem liegen dem Notizbuch kleine selbstklebende Sticker bei. Bringen Sie diese auf einem Blatt an, wird die Fotoaufnahme automatisch von Evernote in Notizbücher eingeordnet oder mit ausgewählten Tags versehen. Wenn Sie etwa den Sticker mit einem kleinen Flugzeug auf die Seite kleben und Ihre App entsprechend konfiguriert haben, wird das Foto sofort in Ihr Evernote-Notizbuch »Reise« eingeordnet. Oder Sie kleben den Sticker mit dem kleinen Hochhaus auf die Seite – und automatisch wird das Schlagwort »Büro« vergeben.
- Drei Monate Evernote-Premium-Account (siehe Abschnitt 9.2) sind ebenfalls im Preis enthalten, der sich zwischen 25 und 30 Euro bewegt.

Zunächst sind zwar nur die Evernote-Apps des iPhones und iPads für die Moleskine-Notizbücher optimiert, die Software anderer mobiler Geräte soll jedoch folgen.

Abb. 7.19: *Die Evernote-Notizbücher auf der Homepage von Moleskine (http://moleskine.com)*

Kapitel 8

Selbstorganisation und Informationsmanagement

Ob im schulischen, beruflichen oder privaten Bereich – Evernote leistet hervorragende Dienste beim Umgang mit Informationen. Damit das Potenzial des Programms auch wirklich ausgeschöpft werden kann, müssen drei Voraussetzungen gegeben sein:

1. Sie müssen wissen, wie das Programm funktioniert. Die grundlegenden Funktionen haben Sie in den Kapiteln 1 bis 3 kennengelernt, Feinheiten wurden in den Kapiteln 4 bis 7 erläutert. Inzwischen gehören Sie also schon zur Fortgeschrittenenliga der Evernote-Anwender.
2. Sie sollten Evernote Ihren persönlichen Bedürfnissen anpassen. Dazu haben Sie auch schon einiges gehört, nun wird es aber um die Frage gehen, wie Sie ganz bestimmte Vorhaben umsetzen können.
3. Die dritte Zutat zu unserer Zauberformel lautet schlicht »Anregungen sammeln«. Oft sind es die ganz einfachen Dinge, an die man anfangs nicht denkt, die sich aber als ausgesprochen nützlich erweisen. Im Folgenden wird es daher auch um Praxisbeispiele gehen, die Sie auf Ihren eigenen Informationsalltag übertragen können.

8.1 Welcher Ordnungstyp sind Sie?

Menschen sind sehr unterschiedlich in ihrem Ordnungsverhalten. Der eine liebt das Chaos, für den anderen muss immer alles am vorgesehenen Ort bereitliegen und der Dritte mag sich nur ab und zu mit Ordnungsdingen beschäftigen. Zum Glück müssen Sie sich bei Evernote nicht einer Software anpassen, sondern die Software lässt sich Ihren eigenen Bedürfnissen anpassen. Wie das konkret aussieht, sehen wir uns einmal an drei fiktiven Fallbeispielen an.

8.1.1 Christa Chaos

Mach Dir keine Umstände! Ein Klick genügt.

Christa ist an allem Möglichen interessiert – sie liebt die schönen Dinge des Lebens: gutes Essen, Mode, Gartenpflege, Bücher, Reisen und Musik.

Daher fallen ihr ständig Dinge ein, die sie gerne in Evernote aufgehoben wissen will: das neue Rezept auf einer Webseite, das Foto von der Ausstellung, das Buch im Laden, das sie verschenken möchte, der Konzertflyer für ihre Lieblingsmusik.

Aber auch Christa muss mit den profanen Dingen des Lebens fertigwerden: Die Steuererklärung ist jährlich zu machen, Rechnungen und Quittungen trudeln ein usw. Da sie genau weiß, dass Ordner, Hefter und Kartons nicht ihr Ding sind – zumindest wenn es ums Wiederfinden geht –, leitet sie auch diese Informationen an Evernote weiter. Dort landen die vielen unterschiedlichen Notizen zwar auch erst einmal unsortiert – aber bei Evernote ist das nicht so tragisch wie im analogen Leben: Denn wenn es wirklich mal knapp wird – »Muss gleich in die Stadt, Sonne scheint, schnell noch mal den Wein … wie sah das Etikett gleich noch aus? « –, greift Christa zur Standardsuche. Da tauchen zwar etliche Notizen gleichzeitig auf, sie muss eventuell auch zwei oder drei Anläufe nehmen, bis sie die gewünschte Notiz gefunden hat, aber – Hurra! – noch wurde sie immer fündig.

Abb. 8.1: *Christa Chaos findet ihren Wein*

Christa wird sich ab und zu mal hinsetzen, vielleicht an Regentagen, und die notwendigsten Dinge in einige Notizbücher verschieben. Das genügt ihr, mit ein bisschen Chaos kann sie leben. Hauptsache, sie muss nicht mehr wie früher in den Keller wandern und Stunden mit der Suche verbringen.

8.1.2 Gunnar Gründlich

Klare Ansage: Bastle dir deine Struktur

Gunnar arbeitet an der Uni und teilt das Schicksal vieler Berufstätiger: Im Büro begonnene Arbeiten müssen im »Homeoffice« fortgesetzt werden und umgekehrt. Für ihn ist es daher wichtig, an mehreren Orten die gleichen Daten zur Verfügung zu haben – vor allem auch mit dem gleichen Bearbeitungsstand. Ihm nützt es nichts, wenn er an einer Excel-Datei im Büro gearbeitet hat, bei einer anderen Version der gleichen Datei zu Hause etwas ergänzt und später zusehen muss, wie er beide Dateien auf einen einheitlichen Stand bringt. Außerdem muss er an jedem Arbeitsplatz – an der Uni, zu Hause, bei der Freundin – Zugriff auf seine Daten haben.

Seine Zeitpläne sind eng getaktet, er kann sich kein »müßiges« Suchen leisten. Er muss seine Unterlagen schnell finden, sich ein System einprägen und an diesem System entlang arbeiten.

Für Gunnar ist es ideal, alle Möglichkeiten ausschöpfen zu können, die Evernote bietet: klassische Notizbücher, um größere Projekte zu verwalten und zwischen beruflich und privat zu unterscheiden. Ein gut durchdachtes Schlagwortsystem, sodass er innerhalb eines Notizbuchs Zugriff auf Strukturen hat. Und gespeicherte Suchen, die er sich einmal genau für seine Bedürfnisse zugeschnitten hat und die ihm nun auf Tastendruck zur Verfügung stehen.

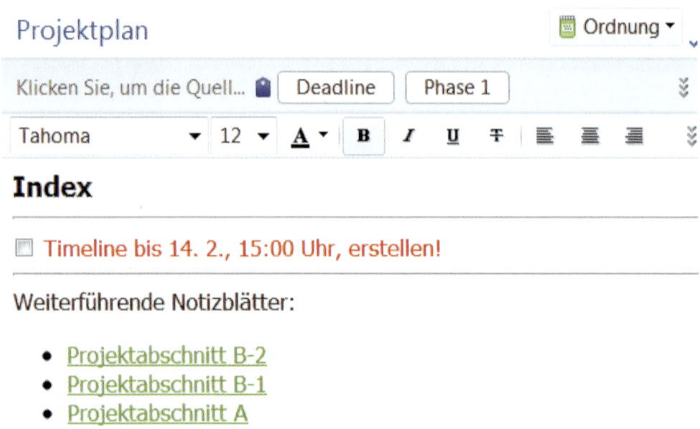

Abb. 8.2: *Bei Gunnar Gründlich ist alles aufgeräumt!*

Selbstorganisation mit Evernote bedeutet für Gunnar Gründlich:

Notizen werden zeitnah mit den korrekten Schlagwörtern versehen und in die passenden Notizbücher eingeordnet. Alte Notizen verschiebt Gunnar in ein Archivnotizbuch, löscht überholte Daten und integriert nur die aktuellen Versionen der Dateien. Das Ergebnis ist, dass für die Arbeit wichtige Unterlagen rasch gefunden werden und trotz unterschiedlicher Arbeitsorte der Überblick immer vorhanden ist.

8.1.3 Matthias Mittig

Matthias mag es eigentlich gerne ordentlich, aber er weiß auch, dass er dafür einiges an Zeit aufwenden müsste. Auch für ihn ist erst mal das Wichtigste, dass berufliche Unterlagen, Quittungen, Adressen und Ideen in Evernote aufgehoben sind, damit sie nicht verloren gehen.

Er hat sein Ordnungssystem angelegt, bestimmte Notizbücher, auch eine ganze Reihe von Schlagwörtern. Aber er setzt sich nicht täglich dran; wenn da mal zwei, drei Wochen alle Notizen ohne Stichwörter und Einordnung im Eingangskorb von Evernote landen, ist es für ihn nicht weiter schlimm, denn dann scrollt er einfach durch die Zeitleiste oder nimmt die normale Suche. Seine älteren Notizen sind ja ohnehin schon eingeordnet, sodass er auch unterwegs schnell fündig wird.

Abb. 8.3: *Matthias Mittig – Ordnung mit Maßen*

Nur liegt ihm schon an einer gewissen Übersicht, denn eigentlich findet er es toll, wenn es nur zwei Klicks braucht und das Gewünschte taucht auf. Daher ordnet er von Zeit zu Zeit wichtige Unterlagen und berufliche Notizen ein und verschlagwortet diese, während der Konzertflyer-Scan oder der Buchtipp auch mal einfach in das Notizbuch »Diverses« geschoben wird. Sie müssen sich also nicht gleich ein komplexes Ordnungssystem basteln, dank der ausgefeilten Suchfunktion von Evernote (siehe Kapitel 5) erzielen Sie auch mit einer einfachen Struktur überraschend gute Ergebnisse.

Christa Chaos, Gunnar Gründlich und Matthias Mittig sind natürlich nur drei Beispiele. Jeder Leser hat im Lauf der Jahre seinen eigenen Ordnungsstil entwickelt. Auch gibt es private oder berufliche Phasen, in der sich das eigene Ordnungsverhalten ändert. Wenn Sie an einen neuen Arbeitsplatz kommen, an dem alle Kollegen sehr gut vorbereitet und strukturiert zu den Besprechungen erscheinen, wird es für Sie wichtiger werden, schnell Dinge wieder aufzufinden. Dann lohnt sich eine intensivere Handhabung von Evernote.

Oder private Verhältnisse ändern sich plötzlich, Sie geraten unter Zeitdruck, weniger wichtig ist dann eventuell das strukturierte Einordnen, sondern eher, dass in der Hektik nichts verloren geht.

Es lohnt, sich selbst folgende Fragen zu stellen:

- Soll Evernote vorwiegend als Archivierungstool, also als Ablage, genutzt werden – oder auch als Ideenpool?
- Wie konsequent soll der Weg zum »papierlosen Büro« beschritten werden? Sollen alle schriftlichen Dokumente über Evernote erfasst werden? Kann damit künftig auf Papierordner verzichtet werden?
- Stehen Ihnen »Erfassungsgeräte« wie z.B. ein Smartphone zur Verfügung? Oder lohnt sich vielleicht der Kauf einer Drucker-Scanner-Kombination oder einer einfachen Digitalkamera?
- Sie kennen sich selbst am besten: Ist Ihnen die Informationserfassung wichtig genug, um gelegentlich einen gewissen Pflegeaufwand auf sich zu nehmen (alte Dokumente löschen, neue Notizen mit Schlagwörtern versehen und in Notizbücher verschieben)?

8.2 Eigene Ordnungsstrategien entwickeln

In Evernote können Informationen auf sehr unterschiedliche Weise geordnet werden. Neben der Art der Information, die Sie in Evernote archivieren, hängt die Entscheidung für eine bestimmte Strategie auch von der Menge der Informationen und dem Aufwand, den Sie für die Einordnung betreiben möchten, ab. Wenn Sie zum Beispiel wenig Zeit und auch nur wenige Dokumente haben, so genügt ein einfaches Verfahren: Informationen in Evernote speichern und für das Wiederfinden die Suchfunktion nutzen. Je umfangreicher Ihre Daten sind und je wichtiger es ist, dass Sie den Überblick behalten, desto mehr lohnt es sich, die von Evernote zur Verfügung gestellten Ordnungsfunktionen zu nutzen. Das kann dann etwa so aussehen:

	wenige Informationen	**viele Informationen**
einfach	einfache Suchfunktion	einfache Suchfunktion Notizbücher oder Schlagwörter
strukturiert	einfache Suchfunktion Notizbücher Schlagwörter	einfache Suchfunktion Notizbücher Schlagwörter komplexe Suchfunktion gespeicherte Suche Anpassung der Favoritenleiste

Sie sollten sich nicht zu sehr an ein starres Gerüst klammern. Mit der Zeit und zunehmender Datenmenge werden Sie feststellen, welche Art und Weise der Strukturierung Ihnen liegt. Im Evernote-Forum gab es zum Beispiel über Wochen eine emotional geführte Diskussion darüber, ob man nicht auf Notizbücher ganz verzichten und sich auf Schlagwörter konzentrieren solle. Schlagwörter würden ja bereits eine Ordnungshierarchie abbilden, das zusätzliche Führen einer Notizbuchliste erhöhe nur den Aufwand.

Oder Sie vergeben vielleicht anfangs sehr viele Schlagwörter und sehen mit der Zeit, dass Sie eine sehr lange Liste erhalten, die nicht mehr übersichtlich ist. Beobachten Sie sich selbst: Nutzen Sie die Schlagwortliste wirklich? Wenn nicht, tragen Sie künftig nur noch zentrale Schlagwörter ein, den Rest löschen Sie (im Unterschied zum Löschen von Notizbüchern bleiben Ihre Notizen erhalten, wenn Sie Schlagwörter löschen). Oder vereinheitlichen Sie Schlagwörter, also nicht gleichzeitig »Unterlage« und »Unterlagen« verwenden, sondern sich für Singular oder Plural entscheiden. Und keine Synonyme verwenden, also »Dokument« und »Unterlage«, sondern nur noch »Unterlage«; nicht »Bilder« und »Fotos«, sondern nur noch »Fotos« usw.

An dieser Stelle sei auch nochmals daran erinnern, dass Sie Ihre Schlagwortliste punktuell kürzen können, indem Sie unter dem Menüpunkt Darstellung die Auswahl Nicht zugewiesene Schlagwörter anzeigen deaktivieren. Wenn Sie sich also »in« einem Notizbuch bewegen, werden dadurch nur jene Schlagwörter in der Liste aufgeführt, die an die Notizen dieses Notizbuchs vergeben wurden, alle anderen – die Sie ja im Moment ohnehin nicht benötigen – bleiben ausgeblendet, bis Sie das Notizbuch wechseln oder auf Alle Notizen gehen.

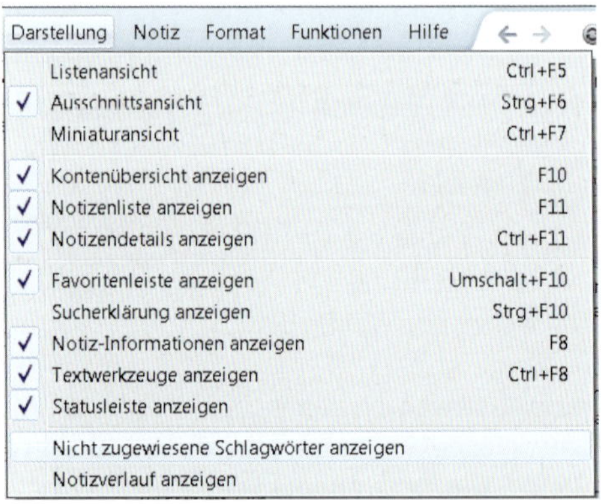

Abb. 8.4: *Schlagwörter ausblenden*

Tipp

Oft ist es ein Problem, dass man sich bei einer späteren raschen Suche nicht mehr erinnert, welchen Ausdruck man als Schlagwort verwendet hat. War es nun »Seminar«, »Fortbildung« oder »Workshop«, mit dem Sie ein Foto vor mehreren Wochen gekennzeichnet hatten? Sie könnten zwar immer sicherheitshalber alle möglichen Schlagwörter einer Notiz hinzufügen, aber das würde zu einer sehr langen und unübersichtlichen Liste führen. Geben Sie die alternativen Begriffsmöglichkeiten lieber direkt im Notizblatt ein, fügen Sie also dem erwähnten Foto mehrere Begriffe hinzu. Dadurch vergrößert sich nicht Ihre Schlagwortliste und trotzdem können Sie nach dem Begriff suchen.

> Wenn es sich um ein häufig vorkommendes Wort handelt, können Sie noch ein Sonderzeichen wie z.B. ein »_« anfügen, also »Seminar_«, »Fortbildung_«. Auf diese Weise werden nicht alle möglichen Dokumente gefunden, die irgendwo das Wort enthalten, sondern nur jene, bei denen Sie auch beabsichtigt haben, dass der Begriff als Suchwort dienen soll.

Oder führen Sie besonders häufig bestimmte Suchvorgänge durch? Suchen Sie vielleicht oft PDF-Dateien oder Mails der letzten zwei Wochen, weil in Ihrem Büro viel über diese Formate abläuft? Dann nehmen Sie sich die zwei Minuten Zeit, einmalig eine entsprechende Suche zusammenzustellen, die einen Zeitraum und Dateiformate kombiniert und speichern Sie diese Suche ab. Vielleicht ziehen Sie sogar die gespeicherte Suche in die Favoritenleiste und sparen künftig viel Zeit.

Die Freude an dem Einsatz von Evernote nimmt deutlich zu, wenn man durch Beispiele auf Ideen kommt, wie man Evernote für seine eigenen Bedürfnisse anpassen kann. Bisher haben wir sehr viele Funktionen und Tipps für den Alltag kennengelernt, bei den folgenden Schilderungen soll es um die Verknüpfung der einzelnen Evernote-Möglichkeiten für die Erreichung eines bestimmten Ziels gehen. Die Fälle wurden so ausgewählt, dass sie sich leicht auf inhaltlich ähnliche Projekte übertragen lassen. Wenn der »Einsatz für das Studium« zur Sprache kommt, lässt sich das natürlich genauso auf die Schule oder auf Fortbildungsseminare übertragen. Oder wenn die Unterstützung durch Evernote beim Schreiben eines Krimis besprochen wird, lassen sich die Prinzipien natürlich auch auf das Schreiben eines Sachbuchs übertragen.

8.3 Ein Studium mit Evernote meistern

Natürlich wird Evernote von vielen Studierenden bereits für das Studium genutzt – allerdings eher in Form eines »Ablage-Archivs«. Mit wenigen Handgriffen kann man Evernote allerdings in ein »Informationsmanagementsystem« verwandeln, das sich zum Beispiel für die Vorbereitung auf eine Klausur als sehr nützlich erweist.

Ein Studium gibt ja von Haus aus eine gewisse Struktur vor: Fächer/Nebenfächer, Semester, Veranstaltungsart usw. Durch Notizbücher und Schlagworthierarchien lässt sich dies sehr gut abbilden:

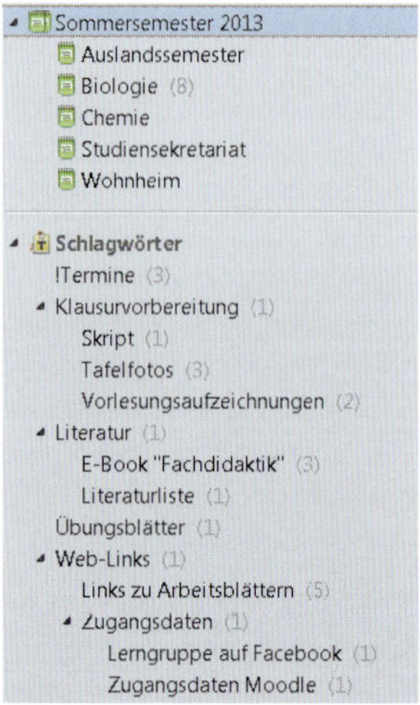

Abb. 8.5: *Evernote – der ideale Studienbegleiter!*

Das Beispiel in Abbildung 8.5 verdeutlicht, dass Evernote eben nicht nur gut für das »Aufheben« eines Skripts ist, sondern dass sehr unterschiedliche Materialien, die im Studienalltag anfallen, eingeordnet werden können: Korrespondenz mit Studentenwerk und Studentenwohnheim, Bescheide des Studiensekretariats über die Anerkennung von Prüfungsleistungen, Unterlagen für einen Auslandsaufenthalt, Vorlesungsskripte, Links zu Vorlesungsaufzeichnungen der Hochschule, Übungsblätter von Tutorien, wichtige Prüfungstermine usw. Einige dieser Positionen sollen nun etwas näher beleuchtet werden.

8.3.1 Prüfungstermine

In den neuen Bachelor- und Masterstudiengängen ist das Einhalten von Prüfungsterminen studienentscheidend. Übersieht man einen solchen Termin oder bereitet man sich nicht planmäßig darauf vor, ist der gesamte Ablauf des Studiums gefährdet. Daher wurde im Beispiel dem Schlagwort »Termine« ein Sonderzeichen vorangestellt, damit es ganz oben in der Liste steht und Beachtung findet. In diesem Fall wurde ein Ausrufezeichen genommen, beliebt ist auch der Punkt oder ein Bindestrich.

8.3.2 Tafelanschriebe

Besonders in naturwissenschaftlichen/mathematischen Fächern wichtig: Das, was in Kreide an die Tafel fabriziert wird, unterstützt das Gedächtnis maßgeblich. Konzentrieren Sie sich auf den Vortrag des Dozenten – und fotografieren Sie die Tafel mit Ihrer Evernote-App ab. Oder Sie nutzen eine der vielen Whiteboard-Apps, die perspektivische Verzerrung beim Fotografieren aus dem schrägen Winkel automatisch ausgleichen (siehe Abschnitt 7.1.1) und nutzen die eingebaute E-Mail-Funktion, um das Ergebnis an Evernote zu senden.

8.3.3 Handschriftliches Material

Das Notebook hat schon lange Einzug in den Hörsaal gehalten, wofür es oft gute Gründe gibt – aber nicht immer. Jeder Dozent weiß, dass Notebook, Tablet und Smartphone ein hohes Ablenkungspotenzial haben: Schnell werden Messenger-Nachrichten oder Mails abgerufen, dem Kommilitonen eine Einladung zum Mensa-Essen geschickt, auf Facebook und Twitter die Statusmeldungen gecheckt usw. Manchmal täuscht man sich als Studierender selbst, man »sitzt« zwar in der Vorlesung und man »hört« diese auch akustisch, ist aber mit den Gedanken nicht bei der Sache.

Nach wie vor leistet ein guter alter Papierblock (oder das Pedant auf dem Tablet) gute Dienste, was die Konzentration anbetrifft. Allein durch das Notieren von Stichpunkten und Skizzen folgt man dem Verlauf der Vorlesung, kann sich Bemerkungen über Aspekte notieren, die man später nachschlagen will, markiert Themen, die für die Klausur wichtig werden usw.

Ohne Evernote ergibt sich allerdings mit solchen Mitschriften ein zweiter – analoger – Informationsstapel neben den digitalen Informationen, etwa dem PDF-Vorlesungsskript. So können Sie einfach Ihre Notizblätter mit der Evernote-App abfotografieren oder auf einen Scanner legen, mit einem thematischen Schlagwort versehen und einordnen.

Mehr noch:

- Mit den Verlinkungsmöglichkeiten innerhalb von Evernote können Sie Ihre Papiernotizen dem entsprechenden Buch- oder Skriptkapitel zuordnen.

- Mit der in Evernote bereits »eingebauten« Screenshotfunktion ([⊞]+[Druck]) können Sie Teile Ihrer handschriftlichen Notiz ausschneiden – etwa eine Skizze – und an anderer Stelle in Evernote einordnen.
- Sie können auch mit einem geeigneten PDF-Bearbeitungsprogramm wie Acrobat (es gibt auch Freeware-Alternativen) handschriftliche Notizen direkt in Ihr Vorlesungsskript an den entsprechenden Stellen »montieren«, sodass Sie für die Klausurvorbereitung nur eine einzige Datei benötigen.
- Mit Grafikprogrammen wie dem Evernote-Zusatzprogramm *Skitch* (siehe Abschnitt 7.3.1) können Sie farbige Markierungen – Unterstreichungen, Pfeile usw. – auch auf den Fotos Ihrer Papiernotizblätter vornehmen.

Egal welchen Block Sie nutzen – fotografieren Sie einfach Ihre Notizen mit der mobilen Evernote-App ab (alternativ: auf den Scanner legen), Tag dazu, alles ist an der richtigen Stelle aufgehoben. Ein Glückspilz sind Sie, wenn Sie ein Tablet mit Stylus nutzen können – dann gehen die handschriftlichen Notizen ohne Umweg an Evernote. Wenn Sie auf dem iPad z.B. Notes Plus (*http://notesplusapp.com/*) oder UPad (*http://www.pockeysoft.com/*) nutzen, sind Ihre Aufzeichnungen später im PDF beliebig skalierbar.

8.3.4 Live-Update nutzen

Skripte und Übungsblätter liegen meist in Form von PDF-Dateien vor. Die Besonderheit bei Evernote: Wenn Sie die Datei »aus Evernote heraus« bearbeiten, z.B. mit Adobe Acrobat, werden alle Änderungen und Anmerkungen sofort aufgenommen. Dabei erspart Ihnen, wie bereits beschrieben (siehe Abschnitt 3.4.2), Evernote das Speichern auf der Festplatte, Aufrufen im Bearbeitungsprogramm, erneutes Speichern auf der Festplatte, Suchen und Austausch des Notizanhangs. »Live-Update« bedeutet ja, dass ein Doppelklick in der Notiz genügt: Sofort wird Ihr jeweiliger Editor mit der Datei gestartet, Sie fügen die Ergänzungen ein und drücken lediglich in dem Editor die Speichertaste, ohne sich um irgendeinen Festplattenpfad kümmern zu müssen. Evernote aktualisiert von allein den Anhang mit den neuen Daten. So können Sie einzelne Absätze mit Kommentarfeldern versehen. Wenn Sie sich angewöhnen, solche Anmerkungen zeitnahe zur Vorlesung zu machen, ist die Erinnerung noch frisch und Sie verstehen später besser, worum es in diesem Abschnitt ging. Sie verfügen also über ein »erweitertes Skript«, das von Sitzung zu Sitzung wächst, ohne immer darauf achten zu müssen, die aktuellste Version abzuspeichern.

Sie können Ihr Material natürlich auch auf einen Festplattenordner ablegen und dieses Verzeichnis von Evernote überwachen lassen. Ähnliches ist möglich, wenn Sie mit mobilen Geräten oder Tablets arbeiten, die inzwischen dank spezieller Stifte handschriftliche Markierungen und Ergänzungen zulassen (auf dem iPad schätze ich persönlich »PDF-Expert« und »iAnnotate« für diese Zwecke sehr), die auch auf dem PC gelesen werden können. Gleiches gilt für PowerPoint-Folien.

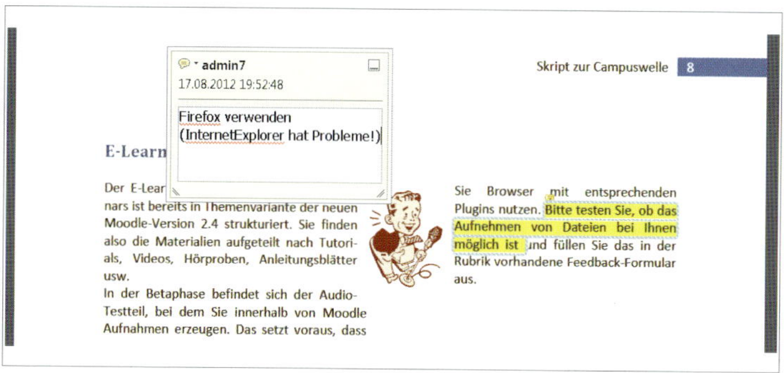

Abb. 8.6: *Ergänzen Sie Ihre Vorlesungsaufzeichnungen mit eigenen Hinweisen*

Tipp

Sie haben ja schon gesehen, dass man zu jedem Notizblatt einen internen Link erzeugen kann (siehe Abschnitt 2.5.3). Einen solchen Link können Sie auch in Ihre PDF-Datei einfügen. Sie nutzen dazu die Weblinkfunktion Ihres PDF-Editors und »tun so«, als wollten Sie den Link zu einer Internetseite einfügen. Ihr Link beginnt aber nicht mit http://www…, sondern mit evernote:///view/… und verweist zum Beispiel auf das Foto einer handschriftlichen Notiz.

8.3.5 Informationen ergänzen

In vielen Fällen werden Vorlesungen heute aufgezeichnet, meist unter sehr langen Links und passwortgeschützt. Speichern Sie den Link zur aktuellen Aufzeichnung mit einem Stichwort und den Zugangsdaten, vermerken Sie, ab welcher Minute wichtige Informationen darin vorkommen. So ersparen Sie sich Wochen später die zeitraubende Suche in einer langen Videodatei.

Skripte enthalten oft auch Links zu anderen PDF-Dokumenten – speichern Sie diese ebenfalls in Evernote, dann kommen Sie später ohne Internetverbindung aus.

Tragen Sie Termine von Klausuren, Arbeitsgruppen, Nachbesprechungen, E-Mail-Adressen Ihrer Kommilitonen usw. ein. Nicht, dass es für all das nicht tonnenweise verschiedene Software gibt: Das Besondere ist, dass Sie in Evernote alles an einem Platz versammelt finden und später nicht mühsam zusammensuchen müssen.

8.4 Projektarbeit – vom ersten Einfall bis zum Teamarchiv

Gleich ob Sie in einer IT-Abteilung, an einem Hochschulinstitut oder in einem Verlag tätig sind – immer gilt es, neue Projekte zu entwickeln und voranzutreiben. Gerade am Anfang solcher Projekte ist Evernote besonders hilfreich, weil es eben nicht nur die üblichen Textformate aufnehmen kann. Sogar Ideenfindung, Brainstorming und Gruppenarbeit lassen sich hervorragend über dieses Programm abbilden.

8.4.1 Das erste Meeting

Am Anfang solcher Projekte stehen meist zunächst Besprechungen, in denen klar werden soll, wohin die Reise gehen soll. Bei einer guten Teamarbeit, bei der alle Beteiligten ihre Ansicht einbringen können, entsteht bereits hier eine Reihe von Materialien, die es festzuhalten gilt:

- ein erstes Meinungsbild, z.B. in Form von Stichwortkarten an die Korkwand gepinnt
- Entwürfe von Logos, Slogans, Arbeitstiteln am Flipchart gezeichnet
- die Ergebnisse eines Brainstormingprozesses in Form einer Mindmap

- kurze Protokollpunkte, z.B. wer welche nächsten Schritte zu erledigen hat
- eine Gesprächsrunde mit ersten Einfällen

Mit Evernote können Sie nun all diese Eindrücke und Facetten der ersten wichtigen Besprechung festhalten: Fotos vom Whiteboard oder dem Flipchart sagen mehr, als wenn Sie umständlich versuchen würden, einen länglichen Text zu verfassen. Die anderen Teilnehmer waren ja dabei – wenn sie die Bilder sehen, wissen sie auch wieder, worum es ging.

Abb. 8.7: *Ideen auf Papier können auch in Evernote festgehalten werden*

Wenn Sie selbst oder jemand anders seine Gedanken nur handschriftlich notiert hat – kein Problem. Auch hiervon ein Foto oder kurz einscannen, schon gerät es nicht in Vergessenheit.

Vielleicht gilt es später, einen Bericht über das Vorgehen zu verfassen? Dann können Sie die in Evernote gespeicherten Dokumente via Drag & Drop übernehmen – nichts ist verloren.

Vor allem können Sie die »Mix-Strategie« (siehe Abschnitt 2.5) verwenden: Das Foto von den Stichwortkarten wird durch einen kurzen Interpretationssatz in der Evernote-Notiz ergänzt (»Wenn wir noch mehr grüne Karten gehabt hätten, wäre der erste Punkt noch deutlicher ausgefallen – nur Hugo war nicht einverstanden.«).

Oder wenn Sie ein kompliziertes Diagramm aufgenommen haben: Ersparen Sie sich die Tipparbeit und sprechen Sie einfach Ihren Kommentar dazu.

Durch die Funktion Notizen teilen können Sie die ganze Sammlung später Ihren Kollegen zugänglich machen.

8.4.2 Audioaufnahmen mit Markierungen versehen

Oder Sie nehmen mit der mobilen App von Evernote – natürlich mit dem Einverständnis der Anwesenden – kurze Wortbeiträge auf, z.B. über welchen Arbeitstitel am meisten gelacht wurde. Und schon lösen diese kurzen Aufnahmen eine Vielzahl von Erinnerungen aus.

Was oft übersehen wird: Sie können in Evernote (Menüpunkt: Audio-Notiz) parallel zur Aufnahme Textnotizen verfassen, ohne dass die Aufnahme unterbrochen wird. Und da im Rekordingbereich permanent die aktuelle Zeitangabe eingeblendet wird, ist die Geschichte ideal, um sich »Lesezeichen« zu notieren. Später scrollen Sie in der Evernote-Notiz zur jeweiligen Minutenangabe. So brauchen Sie sich nur jene Ausschnitte anzuhören, die wichtige Informationen beinhalten.

Sie können dieses Verfahren natürlich auch in »Papierform« anwenden: Lassen Sie wie beschrieben die Evernote-Software laufen. Aber wenn Ihnen das lieber ist – weil Sie vielleicht sowieso mehr Text für ein Protokoll erfassen müssen –, notieren Sie die Minutenangaben auf Ihrem Zettel. Diesen können Sie später einscannen oder abfotografieren und an die Audionotiz hängen.

Abb. 8.8: *Während der Aufnahme Notizen hinzufügen (iPad)*

8.4.3 Dokumentation mit System

Wenn das Projekt voranschreitet, gilt es, den Überblick zu behalten: Anträge werden bewilligt, Stellen ausgeschrieben, Materialien besorgt, Dienstreisen bewilligt, Präsentationen gehalten, Aufträge vergeben usw.

Einige dieser Dinge betreffen nur Sie oder eine kleine Untergruppe, wieder andere Sachverhalte sollen allen zugänglich gemacht werden.

Die Stärke von Evernote ist es, dass Sie nicht zwei unterschiedliche Programme benötigen. Alle individuellen Einträge, z.B. Spesenquittungen, bleiben in Ihrem privaten Bereich und sind nicht für andere einsehbar. Wenn aber eine ursprünglich individuelle Notiz für andere zugänglich gemacht werden soll, etwa ein Tagungsprogramm, so brauchen Sie diese Notiz nur in das Gruppennotizbuch zu verschieben (oder Sie erzeugen eine Kopie), schon ist der Inhalt für andere einsehbar.

Und jene Dokumente, die für das Gesamtprojekt eine Rolle spielen, legen Sie im geteilten Projektordner an (siehe Abschnitt 4.3). Wenn es zum Abschluss des Projekts kommt, haben Sie so nicht nur eine vollständige Diskussion, Sie können mit einem einzigen Klick auch eine Chronologie erzeugen (sortieren nach Erstelldatum) oder die Dokumente mittels Schlagwörtern völlig unterschiedlich anordnen.

Tipp

Anlagen durch Evernote verschicken lassen

Denkt man oft nicht dran, kann aber ganz nützlich sein: Unterlagen direkt über Evernote verschicken. Das geht mit wenigen Mausklicks. Insbesondere wenn Sie wenig Zeit haben, es sich nur um eine »Reich doch mal eben rüber«-Anfrage handelt oder Sie an einem anderen PC kein Mailprogramm mit dem eigenen Account zur Hand haben. Sie ersparen sich das »Aus Evernote speichern – an Mail dranhängen« (obwohl das via Drag & Drop auch recht schnell geht): einfach die gewünschten Notizen markieren, auf den Evernote-Mailbutton klicken, Empfänger eintragen – fertig.

8.5 Recherchieren – nicht nur für Wissenschaftskrimis

Während meines letzten Urlaubs las ich einen Krimi, der den Zusammenbruch weltweiter Stromnetze als Ausgangspunkt für seinen Plot nahm. Auf den rund 800 Seiten wurden sehr detailreich Zusammenhänge und Hintergründe geschildert, auch sehr aktuelle Vorgänge fanden Eingang in die Romanhandlung (nur mal nebenbei: mir persönlich hat in diesem speziellen Fall die Langatmigkeit der Handlung nicht gefallen, aber so was ist ja immer Geschmackssache). Vielleicht sind Sie auch ein Freund der Thriller von Jeffery Deaver, in denen er die (Heim-)Tücke moderner Technik erklärt (»Der Täuscher«), oder von politischen oder wirtschaftsökonomischen Krimis. Kein solches Buch kommt heute mehr ohne gründliche Recherchearbeit aus, die noch stärker als früher gefragt ist. Denn inzwischen hat auch jeder Leser via Web Zugang zu Informationen und kann überprüfen, ob sich jemand an die Fakten hält oder »Peru« auf die Kanarischen Inseln verlegt.

Am Anfang vieler Projekte steht Recherchearbeit. Sie müssen sich auf einen aktuellen Stand bringen, sich mit Begriffen vertraut machen, schauen, was bereits an Material zum Thema vorhanden ist. Zuständige Stellen und Ansprechpartner müssen ausfindig gemacht, Zahlenmaterial aktualisiert werden usw. Ob es nun um die einfache Hausarbeit für die Schule geht, Sie sich beruflich mit einer neuen Zielgruppe vertraut machen möchten oder den nächsten Bestseller für einen Hightech-Krimi schreiben wollen (informieren Sie mich, wenn Sie ihn geschrieben haben!), in fast allen Fällen beginnt die Suche im Web. Wenn man sich nicht mit den ersten fünf Google-Suchbegriffen zufriedengibt, sondern eine anspruchsvollere Aufgabe lösen muss, erhält man meist innerhalb kurzer Zeit eine Fülle von Material. Selbst wenn man sich Lesezeichenlisten anlegt – bald hat man den Überblick verloren. Es sei denn, man setzt Evernote ein.

8.5.1 Ansprechpartner und Gesprächsnotizen

Oft wird man Kontakt mit Fachleuten aufnehmen wollen, um sie um ein erstes Gespräch oder Materialien zu bitten. Gerade solche Personen sind aber häufig nicht auf Anhieb zu erreichen, man muss Termine vereinbaren, sich Namen notieren usw. Anschriften und Telefonnummern findet man in aller Regel auf den Webseiten – dank des Web Clippers können diese Daten sogleich in den entsprechenden Evernote-Projektordner aufgenommen werden.

Im Unterschied zu vielen puren Adressdatenbanken können diese Informationen aber leicht zu einem späteren Zeitpunkt ergänzt werden: kurze Telefonnotizen, Namen von Kollegen, ein Stadtplanausschnitt zum Termin, wann jemand wieder erreichbar ist, usw. können problemlos hinzugefügt werden. Mit der Evernote-Schnappschussfunktion nehmen Sie Daten vom Impressum der Webseite auf und fügen die jeweiligen Notizen hinzu (»Habe zum 3. Mal angerufen«, »Ist nachmittags am besten erreichbar«, »Zu Herrn Schmidt durchstellen lassen« usw.). So können Sie beim nächsten Anruf kurz die Evernote-Notiz einblenden und auch ein paar Stichpunkte vom Gespräch festhalten. Alles beieinander, ohne viele Notizzettel.

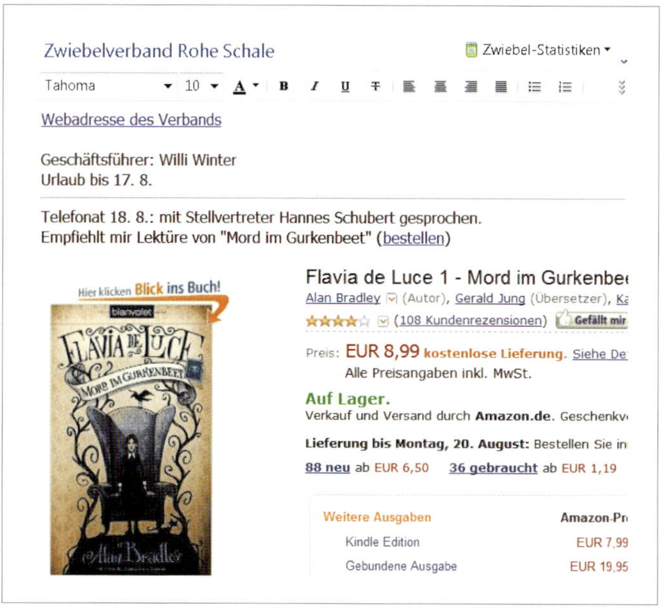

Abb. 8.9: *Gesprächsnotiz – alles auf einem Blatt*

Tipp

Ähnlich wie ich weiter vorn in diesem Kapitel darauf verwiesen habe, dass man Links zu Notizblättern in PDF-Dateien einfügen kann, ist es bei Recherchevorhaben sinnvoll, die Links z.B. in seinem Google-Kalender einem Gesprächstermin beizufügen. Das klappt bei den mobilen Apps von Smartphones und Tablets sogar noch besser, da dort automatisch die dazugehörige App aufgerufen wird. Ideal, um rasch noch einen Blick auf die Unterlagen zu werfen, wenn man gleich einen Termin mit einem bestimmten Gesprächspartner hat.

8.5.2 Die eigene Wissensdatenbank

Wie leicht Texte oder Grafiken von Webseiten zu speichern sind, habe ich ja schon erläutert (siehe Abschnitt 2.4). In der Praxis sind aber besonders oft eingehendere Informationen von Interesse, die meist als Dateidownload – z.B. in Form eines PDF-Dokuments – angeboten werden. Nun könnten Sie die Datei auf gewohnte Weise speichern und später erst ins Evernote-Archiv aufnehmen. Doch dann müssen Sie die Datei ein zweites Mal »in die Hand« nehmen, was unnötig Zeit kostet. Warum nicht gleich an Evernote schicken? Um diesen Zweck zu erfüllen, gibt es verschiedene Möglichkeiten. Eine der einfachsten habe ich auch schon besprochen: der automatische Evernote-Import von Dateien (siehe Abschnitt 3.4). Sie legen einen von Evernote überwachten Ordner an, dort werden die Web-Downloads gespeichert. Und da Sie Evernote sogar sagen können, in welches spezielle Notizbuch eine importierte Datei aus diesem Pfad Eingang finden soll, landet die Datei auch an der richtigen Stelle und kann später mit Schlagwörtern versehen werden.

Besonders elegant geschieht dieser Vorgang, wenn Sie sich im Browser nicht erst zu Ihrem Festplatten-Importordner »hinhangeln« müssen, sondern direkt eine Auswahl treffen können. Für die meisten Browser gibt es Erweiterungen, die eine Pfadanpassung zulassen. Firefox bietet hierfür ein besonders pfiffiges Plugin: »Safe File to …« (*https://addons.mozilla.org/de/firefox/addon/save-file-to/*). Damit können beliebige Downloadordner vorab eingestellt werden. Wenn Sie auf einer Webseite z.B. ein PDF-Dokument entdecken, von dem Sie wissen, dass es in ein bestimmtes Notizbuch in Evernote aufgenommen werden soll, genügt es, mit der rechten Maustaste das Kontextmenü aufzurufen und das betreffende Ziel auszuwählen.

Die Datei wird damit im überwachten Ordner gespeichert und Evernote archiviert sie automatisch.

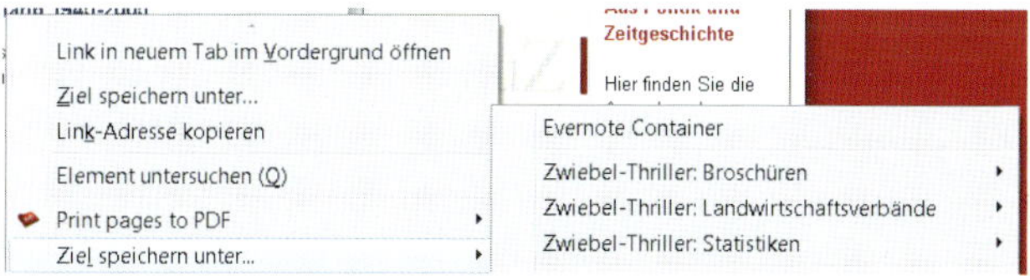

Abb. 8.10: *Mit dem Plugin »Safe File to ...« Dateien direkt an Evernote-Notizbücher schicken*

Übrigens wird die Ordnerauswahl auch in das Dialogfenster SPEICHERN UNTER integriert – wenn Sie also z.B. eine EXE-Datei direkt anklicken, haben Sie ein zusätzliches Pull-Down-Menü für Ihre Verzeichnisse.

8.6 Feste und Feiern planen mit Evernote

Evernote lässt sich hervorragend für die Planung von Feierlichkeiten einsetzen. Ob es sich um eine Geburtstagsparty, ein Klassentreffen, eine Hochzeit oder ein traditionelles Fest handelt – mit Evernote haben Sie die Planung fest im Griff.

Als Beispiel soll hier das bekannteste Fest dienen: Weihnachten. Ein großes Fest, für das viele Vorbereitungen zu treffen sind. Hier die besten Tipps und Tricks für die Weihnachtszeit:

- **Merklisten anlegen.** Hört sich simpel an, aber nichts geht über die schnellen To-do-Listen – und das schöne Gefühl, ein Kästchen nach dem anderen abhaken zu können!
- **Notizschnipsel aufnehmen.** Sie machen sich zunächst mit Papier und Bleistift Gedanken, z.B. bei heimeligem Kerzenschein? Oder Ihre Partnerin hinterlässt einen Zettel am Kühlschrank: »Funktioniert der Tannenbaumständer noch?« All die kleinen Dinge: schnell mit dem Smartphone abfotografieren oder auf den Scanner legen, das Stichwort »Weihnachten« vergeben – schon haben Sie später alles griffbereit und müssen nicht nach verschwundenen Notizen suchen.

- **Fotos in der Vorweihnachtszeit.** Der Gedanke des »Sammelns von Ideen« gilt auch für unterwegs: Eine Auslage in einem Schaufenster, eine Tasse in einem Regal, eine Stehlampe in einem Möbelhaus. Mit der Evernote-App können Sie schon Wochen vor dem Fest solche Gelegenheiten festhalten, ohne gleich zugreifen zu müssen. Da die Evernote-Apps auf Smartphones auch den Ort des Schnappschusses festhalten, müssen Sie noch nicht einmal notieren, in welchem Geschäft Sie darauf gestoßen sind. Zu Hause wählen Sie dann ohne Zeitdruck wie in einem Katalog aus – und kaufen dann auch nur, was wirklich Sinn macht.
- **Online-Ideen sammeln.** Es gibt wunderbare Shops im Internet mit kleinen Kunstgegenständen oder Basteleien, beispielsweise das Webangebot DaWanda (*http://de.dawanda.com/*): die Handschuhe als bunte Fäustlinge, der Kerzenständer für das Jugendzimmer, den Schlüsselanhänger für Otto, alles einfach mit der Maus markieren, den Evernote-Web-Clipper starten – und schon sind die Dinge, die Sie auf 40 verschiedenen Webseiten gefunden haben, archiviert. Und zwar direkt mit Abbildung und Link – wenn Sie also Ihre Entscheidungen getroffen haben, genügt ein Klick und Sie sind auf der richtigen Seite und müssen nicht lange Bookmarklisten durchkämmen.
- **Mit Schlagwörtern arbeiten.** Jetzt zeigt es sich, dass Schlagwörter eine echte Erleichterung sind. Zum Beispiel gilt es, daran zu denken, was an Geschenken für eine bestimmte Person infrage kommt. Des Weiteren müssen die Präsente gekauft, bestellt oder gebastelt werden. Und es muss geschaut werden, ob alles eingepackt, verschickt usw. wurde. Also Vorgänge, für die Sie mehrere getrennte Listen anlegen müssten. Wenn Sie aber für jede »gedachte« Liste ein Schlagwort vergeben, so genügt ein Klick auf das jeweilige Stichwort – und es werden nur jene Notizen aufgeführt, die gerade von Interesse sind. In unserem Beispiel gibt es ein »Personen-Schlagwort« (»Tatjana«) mit dem sofort aufgezeigt wird, was Tatjana alles erhalten soll: das Bilderbuch, den Kinderwecker, den neuen Schlafanzug usw. Ein zweites Schlagwort sortiert nach den Einkaufsorten: Amazon, Toys "R" Us, Mediamarkt usw. Wenn Sie also ohnehin auf dem Weg zu Mediamarkt sind, klicken Sie auf dieses Etikett und erhalten sofort eine »Einkaufsliste« mit jenen Produkten, die Sie an diesem Ort einkaufen müssen – unabhängig davon, für welche Person sie gedacht sind.

Abb. 8.11: *Mit einem Screenshot haben Sie sofort das Geschenk vor Augen*

- **Rezepte.** Ja, da kann Evernote seine ganze Stärke ausspielen: Plätzchen-, Kuchen-, Gänserücken- und Was-sonst-noch-Rezepte, die sich im Internet tummeln: Fotos und Zutaten wieder mit dem Web Clipper einfangen, später mit der beschriebenen Methode des »Notizenverschmelzens« (siehe Abschnitt 2.5.2) zu einer einzigen Notiz zusammenfügen, ausdrucken, in den Einkaufskorb legen.
- **Adressen für die Weihnachts- und Neujahrskarten.** Manche werden Sie im Adressbuch stehen haben, andere benutzen Sie so selten, dass Sie kurz auf einer Homepage nach Einzelheiten suchen müssen. All diese Adressen in Evernote kopieren, die Liste ausdrucken, Karten beschriften, fertig.
- **Kalender einsetzen.** Bestimmte Einkäufe sind vielleicht an einem bestimmten Tag fällig, weil z.B. Karolina dann bei Ikea vorbeikommt oder Sie selbst ohnehin in der Nachbarstadt mit dem kleinen Kunstladen sind. Dann, wiederum: Wie bereits beschrieben (siehe Abschnitt 2.5.3), die Links zu den Evernote-Notizen in den Online- oder Smartphone-Kalender einfügen – schon haben Sie sie am betreffenden Tag zur Hand.
- **Playlisten für die Weihnachtsmusik.** Muss es schon wieder die alte Bing-Crosby-CD sein? Sie haben doch wunderbare Titel auf Ihrer Fest-

platte! Stellen Sie die Titel schon mal zusammen. iTunes und andere Musikverwaltungsprogramme exportieren eine Playlist, die Sie in Evernote aufnehmen, um später die CDs für den Weihnachtsabend zu brennen. Alternativ: Sie können in eine Evernote-Notiz nicht nur Weblinks einfügen, sondern auch Verzeichnispfade zu Dateien auf der Festplatte. Also ab mit den MP3-Links in ein Notizblatt, sodass später in der Hektik nicht die Suche losgeht.

- Sie haben einen Drucker, der randlos Fotos ausdrucken kann? Hier ist die Gelegenheit, Ihren Präsenten geschmackvolle Karten beizugeben. Die Motive suchen Sie dazu vorher bei Fotodiensten zusammen. Sehr zu empfehlen ist 500px (*http://500px.com/*) oder das deutsche Angebot Fotocommunity (*http://www.fotocommunity.de/*). Schöne Motive direkt in Evernote abspeichern. Kleiner Tipp für iPad-Besitzer: Die App FlickrStackr (*http://ipont.ca/ip/flickstackr/*) arbeitet nicht nur mit Flickr, sondern auch mit 500px zusammen – via Maillink können Sie Fundstücke direkt an Evernote senden.

8.7 Kellerkartons »röntgen«

Ja, es gibt sie, die Zeitgenossen, die immer alles an Ort und Stelle haben: Dort ein Haken für lange Kabel, daneben einer für kurze Kabel, eine Schublade für Klebeband, einen Karton für Videokassetten bis 1990 usw. Aber meiner Schätzung nach schaffen das nur zehn Prozent der Bevölkerung – beim Rest herrschen unterschiedliche Schattierungen von Chaos. Beherrscht wird dieses Chaos meist durch eine Vielzahl von Kartons, Plastikkisten, Schubladen, Blechdosen, die sich im Laufe der Jahre in bunter Reihenfolge in Kellerregalen türmen. Beim Einräumen denken Sie noch: »Ja, das merke ich mir, hier drin sind alle Verlängerungskabel, dort die Fotos von meiner Abiturfeier.« Schon drei Monate später ist eine zweite Kartonschicht entstanden – und nach drei Jahren gleicht die Suche nach einem bestimmten Teil, das Sie gerade jetzt ganz dringend benötigen, einem archäologischen Unterfangen.

Wie kann Evernote in diesen Fällen helfen? Da gibt es verschiedene Möglichkeiten:

- **Fotografisches Gedächtnis.** In Kartons kann man ja meistens nicht hineinsehen. Also einfach ein Foto mit der Evernote-App vom Inhalt aufnehmen, vielleicht noch ein paar grundlegende Tags wie »Kabel«, »Musik-CDs« vergeben und ab damit in das Notizbuch »Keller-Fensterbereich«. Eventuell noch ein zweiter Schnappschuss vom Standort des Kartons, sodass Sie später gleich zum richtigen Regal gehen.

- **Suchlisten anlegen.** Lohnt sich nicht unbedingt für jeden Karton, aber bei bestimmten hat man ja schon den Verdacht, dass man Teile des Inhalts später durchaus einmal wieder suchen wird. Also einfach eine kleine Inhaltsliste mit Stichwörtern pro Karton tippen. Der Vorteil solcher Listen: a) Sie können sie später ergänzen, wenn Sie Dinge aus dem Karton entfernen oder neue hinzufügen, und b) Evernote nimmt die Begriffe in seinen Suchindex auf, sodass Sie bei dem Suchwort »Verlängerungskabel« auf das Hauptnotizbuch »Keller« mit dem Unternotizbuch »Karton Kabel« stoßen. In diesem Unternotizbuch finden sich dann zusätzlich die eben erwähnten Fotos vom Aussehen und Standort der Kiste.
- **QR-Code nutzen.** Und jetzt noch ein Tipp, der sich erst mal anhört, als müsse man ein totaler Computerfreak sein, um so etwas gut zu finden. In Wirklichkeit ist die Handhabung derart einfach, dass auch ein absoluter Neuling die Sache in zwei Minuten beherrscht. Dazu kommt noch eine Besonderheit, die kein anderes Ordnungssystem erfüllen kann: Sie brauchen Ihr Smartphone nämlich nur in die Nähe eines Kartons zu halten – und schwupp sehen Sie den Inhalt. Unschätzbar bei Bergen von Gerümpel oder unzugänglichen Stellen! Okay, wie funktioniert die Sache nun:
  - a) Sie legen sich wie eben beschrieben Notizbücher für die Inhalte der Kisten an, also Fotos oder Listen.
  - b) Sie erzeugen einen Weblink zu dem betreffenden Notizblatt oder Notizbuch (ausführlich wird das Thema »freigeben« in Kapitel 4 behandelt)
  - c) Den Link kopieren Sie in die Zwischenablage und fügen ihn auf einer Webseite ein, die QR-Codes erzeugt. Es gibt unzählige solcher QR-Generatoren, empfehlenswert ist *http://goqr.me/*. Wahrscheinlich haben Sie solche Codes schon einmal auf Briefumschlägen oder Ausdrucken von Fahrkarten gesehen. Es entsteht eine Grafik, die Sie ausdrucken und an Ihren Karton heften können (drucken Sie ruhig etwas größer aus, damit Sie auch aus der Entfernung den Code aktivieren können.

- d) Abschließend spielen Sie noch eine App auf Ihr Smartphone auf, die QR-Code lesen kann. Für jedes Smartphone gibt es diese Apps kostenlos – ich empfehle für das iPhone *Barcoo*.

- Wenn Sie später mit dem Smartphone durch den Keller schlendern und dieses auf eine Kiste richten, wird Ihnen sofort der Inhalt angezeigt: Der QR-Link öffnet das jeweilige Evernote-Notizbuch mit Fotos, Inhaltsbeschreibungen usw. Vor allem: Die Listen sind immer aktuell, ohne dass Sie den Code verändern müssten. Denn alle Änderungen nehmen Sie ja direkt in der Evernote-Anwendung vor.

Abb. 8.12: *Ein QR-Code für Ihre Kellerkisten*

8.8 Links zu weiteren Praxisbeispielen

Inzwischen haben viele Anwender ihren persönlichen Umgang ausführlich beschrieben, hier einige besonders interessante Beispiele zum Weiterlesen:

- Landesakademie für Fortbildung und Personalentwicklung an Schulen: *http://lehrerfortbildung-bw.de/werkstatt/sonstige/evernote/*
- »Wie Lehrer Felix Schaumburg mit Evernote seinen Unterricht papierfrei hält«: *http://evernote-de.tumblr.com/post/19178865591/wie-lehrer-felix-schaumburg-mit-evernote-seinen*
- Wie man ein Printmagazin für Designthemen mit Evernote organisiert (englisch): *http://blog.evernote.com/2012/06/19/how-to-run-a-magazine-with-evernote-janine-vangool-of-uppercase-video/*

Eine ganze Reihe weiterer Beispiele finden Sie bei den offiziellen Blogs von Evernote:

- deutscher Blog: *http://evernote-de.tumblr.com*
- englischer Blog: *http://blog.evernote.com*
- und natürlich bei »Evernote für Pfiffige«: *http://notieren.de*

Kapitel 9

Datenschutz und Premium-Accounts

9.1 Ihre Daten gehören Ihnen!

Da Sie in Evernote auch Vertrauliches speichern, ist natürlich die Frage der Datensicherheit entscheidend. Gerade bei Onlinediensten gibt es oft den Fall, dass man – quasi im Gegenzug zur kostenlosen Speicherung – an den Servicebereitsteller Rechte abtritt. Meist steht das im Kleingedruckten, bei Facebook etwa findet sich auf einer Unterseite eine sehr, sehr lange Liste mit vielen Formulierungen, die für juristische Laien oft schwer verständlich sind (»Datenverwendungsrichtlinien« *https://www.facebook.com/full_data_use_policy*). Evernote ist in diesem Punkt, zum Glück, völlig anders als die gewohnten sozialen Netzwerke. Von Anfang an garantiert Ihnen Evernote: »Ihre Daten gehören Ihnen – und sonst niemandem!« (*http://evernote-de.tumblr.com/post/4084829534/die-drei-evernote-regeln-des-datenschutzes*; siehe auch die »Terms of Service« unter *http://evernote.com/tos/*).

Nun könnte man sagen, Papier ist geduldig, aber es ist vor allem das Geschäftskonzept von Evernote, das Ihre Daten so sicher macht: Für soziale Netzwerke wie Facebook oder Twitter ist nicht der einzelne Nutzer von Interesse, sondern die Verknüpfung sehr vieler individueller Daten, damit Werbetreibende möglichst zielgerichtet ihre Produkte platzieren können. Wer also oft Texte über Schuhe schreibt, der wird, vereinfacht ausgedrückt, Anzeigen eines Schuhversenders eingeblendet bekommen. Und von Urlaubsanbietern. Und von Modehäusern … und … und … und … Denn genau dies ist das Geschäftsmodell: Mit Werbung Geld verdienen.

Werbung ist hingegen für Evernote ziemlich uninteressant. Es gibt bei der kostenlosen Version – und zwar nur bei den Desktopvarianten – zwar eine kleine Ecke links unten, die man nach einiger Zeit gar nicht mehr wahrnimmt. Doch die meisten Texte beziehen sich auf Evernote selbst.

Evernotes Idee ist: Mach das kostenlose Produkt so gut, dass es die Leute überzeugt und ihnen eine erweiterte Version Geld wert ist. Dabei geht Evernote nicht den Weg, eine verkürzte Variante als kostenlose Version anzubieten. Sie erhalten eine Version, die bereits fast alle Funktionen zur freien Verfügung hat. Lediglich wer spezielle Wünsche hat, z.B. ein sehr hohes Speichervolumen benötigt, einen besonders schnellen Support wünscht oder Inhalte auf mobilen Geräten dauerhaft offline speichern möchte, der wird um einen Jahresbeitrag von 40 Euro gebeten. Nach

Angaben von Evernote nehmen von momentan 35 Millionen Evernote-Nutzern etwa 1,5 Millionen dieses Angebot wahr (Stand: Sommer 2012).

Für Evernote ist es also nicht wichtig, möglichst viel über Ihre Person zu erfahren, Ihre Vorlieben, Ihre demografischen Daten. Sie brauchen, außer Ihrer Mailadresse, fast nichts anzugeben, Sie können auch ein Pseudonym als Namen verwenden, Ihre Daten werden nicht mit irgendeinem »Freundeskreis« verknüpft.

Und es gibt noch einen weiteren Aspekt, der Vertrauen schafft: Während die Gründer anderer Dienste, z.B. von Google, Yahoo oder Facebook, eher interviewscheu sind, steht Phil Libin mit seinem Namen für sein Unternehmen ein, gibt gerne Interviews, beantwortet die Fragen von Journalisten und ist oft in der Öffentlichkeit zu sehen. Auch der Support reagiert schnell, meist erhalten Sie innerhalb von 24 Stunden eine Antwort auf Ihre Fragen, ebenfalls ein wichtiges Kriterium für einen seriösen Dienst.

Für die Sicherheit Ihrer Daten verwendet Evernote die üblichen Sicherungsmechanismen, also z.B. ein mehrfaches Backup, falls es in einem Rechenzentrum zu irgendwelchen Problemen kommen sollte.

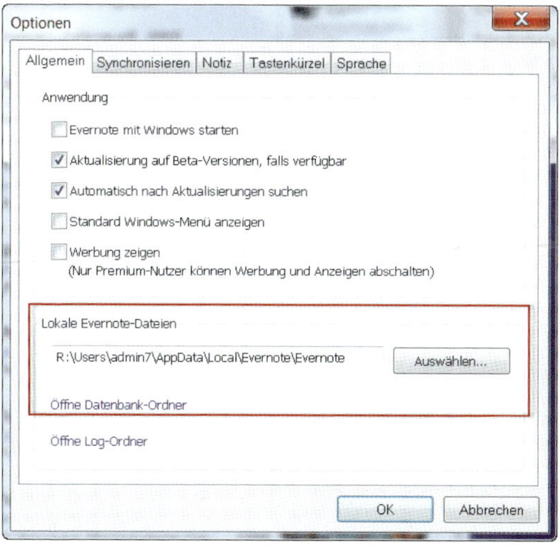

Abb. 9.1: *Evernote zeigt den Pfad zur zentralen Datenbank*

Wenn Sie die Datensicherung selbst in die Hand nehmen möchten: Sie müssen einfach nur die lokale Evernote-Datenbank z.B. auf Ihrer externen Festplatte speichern. Sie finden die Angabe, wo genau sich diese Datenbank befindet, sogar in Evernote selbst:

Unter dem Menüpunkt FUNKTIONEN gibt es den Punkt OPTIONEN, die erste Registerkarte nennt sich ALLGEMEIN und weist unter dem Eintrag LOKALE EVERNOTE-DATEIEN den Pfad auf und sogar den Punkt ÖFFNE DATENBANK-ORDNER, sodass Sie die Datenbank sehr bequem kopieren können.

Mit der Exportfunktion können Sie aber auch einzelne Notizen sichern, etwa in dem speziellen ENEX-Format, das Sie auch an andere Evernote-Nutzer weitergeben können. Oder in HTML-Form; Sie könnten also die exportierten Notizen sogar auf Ihrer Webseite einbinden. Zu finden ist der Punkt unter DATEI, EXPORTIEREN.

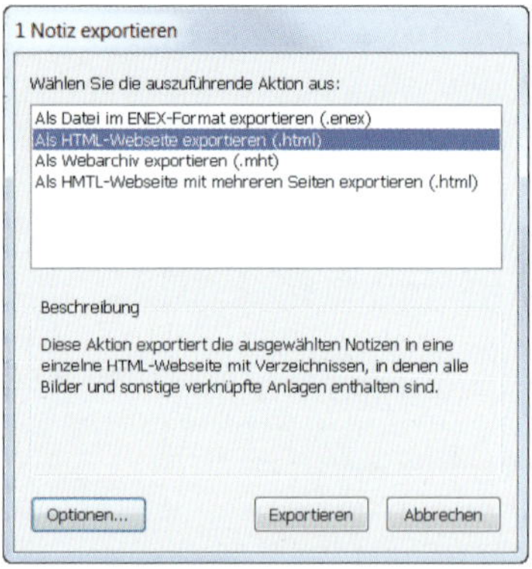

Abb. 9.2: *Exportmöglichkeiten für Notizen*

9.2 Was bietet ein Premium-Account?

Wie schon erwähnt: Die kostenlose Version von Evernote ist üppig ausgestattet und hat eigentlich alles, was man für die Dokumentenverwaltung benötigt. Ein Premium-Account bietet den ein oder anderen zusätzlichen Nutzen, wer intensiver mit Evernote arbeitet, für den kann es nützlich sein, einmal einen Blick auf die entsprechende Liste zu werfen:

Upload-Volumen

Sie können monatlich bis zu 1 GB Dateien einstellen. Bei der kostenlosen Version sind es zwar zu Beginn nur 60 MB, aber in jedem neuen Monat starten Sie wieder bei »null« und können weitere 60 MB auffüllen. Außerdem darf eine einzelne Notiz bis zu 50 MB groß sein (in der freien Variante bis zu 25 MB). Es gibt keine Begrenzungen des Speicherplatzvolumens. Selbst wenn Sie zu irgendeinem Zeitpunkt wieder von der Premium-Variante zur kostenlosen wechseln, bleiben alle Daten erhalten!

Verschlüsselung von Texten

Sofern Ihre Notiz Text enthält, können Sie diesen bei einem Premium-Account verschlüsseln. Dies gilt allerdings nur für reinen Text – Evernote verschlüsselt keine angehängten Dateien. Natürlich steht es Ihnen frei, z.B. mit Passwort geschützte ZIP-Archive anzuhängen – das klappt auch in der kostenlosen Version.

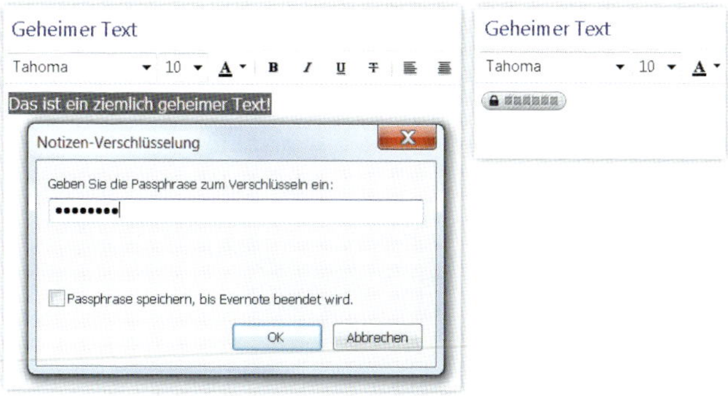

Abb. 9.3: *Text kann verschlüsselt werden*

Offlinenotizbücher

Im mobilen Bereich nützlich: Zwar werden auch in der freien Version Notizinhalte geladen und, bis zum nächsten Aufruf, vorgehalten. Mit dem Premium-Account können Sie aber ganze Notizbücher offline speichern. Sie haben damit auch auf längeren Reisen ohne Internetverbindung, z.B. im Flugzeug, Zugriff auf gespeicherte Materialien. Geht es Ihnen hingegen nicht um den Notizentext, sondern z.B. nur um die PDF-Anhänge, so können Sie diese natürlich in einer anderen App, z.B. in iBooks, für die Reise »zwischenlagern«.

Durchsuchbare PDF-Dateien

Natürlich können Sie auch in der freien Version nach bestimmten PDF-Dateien suchen, der Titel wird in den Index übernommen. Beim Premium-Account wird zusätzlich der gesamte Text einer PDF-Datei indiziert und durchsuchbar gemacht.

PIN-Sperre

Bei stationären Systemen, also Ihrem PC oder Mac, haben Sie immer die Möglichkeit, sich aus Ihrem Evernote-Account auszuloggen oder Ihr System anderweitig zu schützen. Bei mobilen Systemen ist das manchmal schwieriger, aber man möchte dennoch nicht, dass jemand einfach Evernote aufrufen kann. Daher können Sie unter iOS oder Android eine PIN festlegen, die zunächst eingegeben werden muss, bevor die App startet.

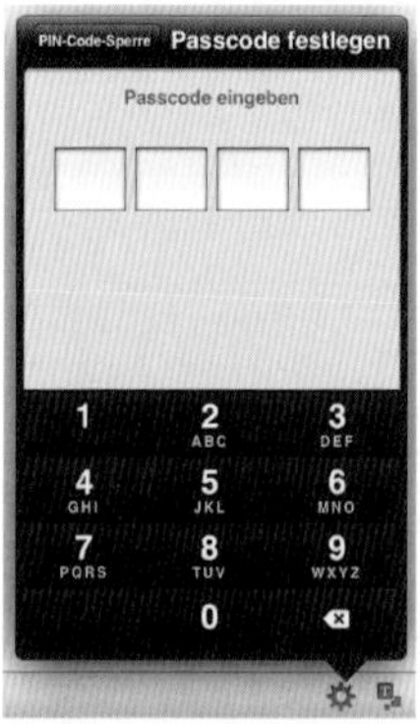

Abb. 9.4: *Mobile Apps lassen sich durch einen PIN-Code schützen*

Gemeinsame Editiermöglichkeiten

Dies ist ein echter Pluspunkt von Premium-Accounts. In der freien Version können Sie zwar Notizen und Notizbücher freigeben, das bedeutet aber nur, dass andere »mitlesen« können oder die Notiz in ihr eigenes Evernote-Archiv aufnehmen können. Wenn Sie hingegen möchten, dass z.B. Kollegen Änderungen oder Ergänzungen an Notizen vornehmen können sollen, so müssen die Teilnehmer über einen Premium-Account verfügen.

Und noch ...

- schnellere Bereitstellung der OCR-Erkennung bei neuen Grafiken
- keine Werbeeinblendungen im kleinen Fenster links unten
- eine Historieliste, mit der Sie frühere Fassungen einer Notiz aufrufen können
- Support-Anfragen werden etwas schneller bearbeitet
- Sie können Ihren Nutzernamen ändern lassen, ohne ein neues Konto eröffnen zu müssen
- bei den Desktopanwendungen von Mac und Windows ein zusätzlicher Menüpunkt, der Ihnen erlaubt, rasch zwischen mehreren Accounts zu wechseln

Die Kosten für einen Premium-Account betragen 5 Euro im Monat bzw. 40 Euro für ein Jahr (Stand: 2012). Ermäßigte Accounts gibt es für den Bildungsbereich.

Einzelheiten zur Premium-Version erfahren Sie auf dieser Seite:

https://evernote.com/intl/de/premium/

Abb. 9.5: *Die Vorteile eines Premium-Accounts*

Tipp

Wenn Sie eine Premium-Funktion nur kurzfristig benötigen, genügt in vielen Fällen die Aufstockung für einen Monat. Auf diese Weise können Sie z.B. Ihren Nutzernamen ändern lassen – der neue Name bleibt erhalten, auch wenn Sie wieder auf die Freeware-Version umsteigen.

9.3 Noch mehr über Evernote – Links im Web

- Homepage von Evernote mit allen Downloads: *https://evernote.com/*
- Evernote-Support-Center: *https://de.support.evernote.com/*
- Evernote für Softwareentwickler: *http://dev.evernote.com/*
- Offizieller Weblog – deutsch mit aktuellen Hinweisen und Fallbeispielen: *http://evernote-de.tumblr.com/*
- Offizieller Weblog – englisch, auf Neuerungen wird hier zuerst hingewiesen: *http://blog.evernote.com/*
- Sammlung von Softwareprodukten, die mit Evernote zusammenarbeiten, wird ständig aktualisiert: *http://evernote.com/intl/de/trunk/*
- Anwenderforum von Evernote (englisch), sehr rasche Antwortzeiten, auch Mitarbeiter von Evernote schreiben hier: *http://discussion.evernote.com/*
- Evernote-DE-User – deutschsprachiges Userforum des Weblogs »Hastenichgesehen«. Klein, hat aber als Besonderheit, dass es mit geteilten Evernote-Notizbüchern realisiert wurde: *http://www.hsw.onpw.de/blog/2012/05/02/evernote-versuch-macht-klug-2/*
- »Ron's Evernote Tips« – ein Mitarbeiter von Evernote, Sammlung kleiner Tipps, allerdings älterer Datenbestand: *http://evernote.tumblr.com/*
- Notizbuchblog.de – Blog von Christian Mähler, der sich mit Papiernotizbüchern befasst, sehr aktuell, sehr gut gepflegt: *http://www.notizbuchblog.de*
- ToolBlog – Blog von Stephan List zu Themen des Selbstmanagements und der Arbeitsmethodik: *http://www.toolblog.de/*

- Caschiys Blog – Carsten Knobloch ist selbst Evernote-Nutzer, sein Blog eine Fundgrube für alle technikbegeisterten Surfer: *http://stadt-bremerhaven.de/*
- Lifehacker – ein Webangebot mit zahlreichen Beiträgen zu Evernote und anderer Software, die dem Informationsmanagement dient: *http://lifehacker.com/*
- Evernote für Pfiffige – ein Blog mit Tipps und Tricks zu Evernote vom Autor dieses Buchs ;-): *http://notieren.de*
- Für zahlreiche Hinweise und Ratschläge danke ich den Mitgliedern des englischen Support-Forums, den Leuten aus dem DE-User-Forum, Lesern meines Weblogs und meiner Tweets sowie ganz besonders Horst vom Blog »Hastenichgesehen« (*http://www.hsw.onpw.de/blog/*).

9.4 Machen Sie Evernote zu Ihrem ganz persönlichen Werkzeug

Sie haben in diesem Buch, so hoffe ich jedenfalls, viele Möglichkeiten für sich selbst entdeckt, Ihren Alltag mit Evernote zu organisieren. Wenn Evernote neu für Sie war, sollten Sie rasch einen Einblick erhalten haben. Wenn Sie Evernote bereits kannten, werden Sie dennoch eine Reihe von Funktionen, Tipps und Kniffen entdeckt haben, die bisher übersehen wurden oder »brachlagen«.

Vor allem hoffe ich, dass Sie – jenseits der puren Bedienung einer Software – durch die Beispiele auf Ideen gekommen sind, wie Sie eigene Abläufe, Projekte, Vorhaben und, und, und durch Evernote besser planen und organisieren können. Ziel sollte es sein, dass Sie Ihren ganz eigenen Stil finden, Evernote so anpassen, dass der Dienst zu Ihnen und Ihren Anliegen auch wirklich »passt«.

Wenn Sie Evernote in Ihren Alltag integrieren, werden Sie feststellen, dass je länger Sie das Programm nutzen, es eine immer wertvollere Hilfe werden wird. Während ich persönlich vor einigen Jahren noch zahlreiche weitere Tools im Einsatz hatte – Suchprogramme für die Festplatte, Schreibtools für die Strukturierung von Texten, Manager für die Dateiverwaltung usw., fiel mir nach einigen Monaten plötzlich auf, dass ich kaum noch zu diesen Softwareprogrammen griff. Wichtige Daten und Informationen waren inzwischen an einem einzigen Ort versammelt, in Evernote, und mit einer Ordnungsstruktur verknüpft, die mir das Auffinden und Zusammenstellen so sehr erleichterte, dass andere Tools überflüssig geworden waren.

Wahrscheinlich werden Sie auch feststellen, dass sich die Art der Nutzung mit zunehmender Erfahrung verändert. Während ich anfangs weitgehend auf Notizbücher verzichtete und versuchte, alles über eine Schlagwortstruktur zu organisieren, hielten schließlich doch Notizbücher Einzug, da die optische Trennung bei steigender Informationsfülle eben doch Vorteile hatte.

Mein Ratschlag ist: Experimentieren Sie, probieren Sie unterschiedliche Verfahren aus, setzen Sie den ein oder anderen Tipp aus diesem Buch ein. Sie werden Ihren eigenen Weg mit Evernote finden – und ich wünsche Ihnen alles Gute für Ihre Entdeckungsreise!

Index

H

I

J

K

L

M

N

O

P

Christian O. Schilling

Kindle

Praktisches Handbuch für alle Modelle: Kindle Touch, Kindle 4, Kindle Keyboard

- **Detaillierte Erklärungen für alle drei Kindle-Modelle**
- **eBooks ganz einfach suchen, laden und lesen**
- **Mit praktischen Tipps zu zusätzlichen Funktionen**

Amazons Kindle hat den eBook-Markt in kürzester Zeit revolutioniert, denn mit dem Kindle Touch, dem Kindle 4 und dem Kindle Keyboard ist das Finden, Bezahlen und Laden von eBooks so einfach geworden wie noch nie. Wer den Kindle das erste Mal nutzt, kann sich von den zahlreichen Menüs und zusätzlichen Funktionen aber auch schnell überfordert fühlen.

Autor Christian Schilling erklärt in diesem Buch ausführlich und mit vielen Abbildungen alle Funktionen der drei im deutschsprachigen Raum erhältlichen Modelle: von der Einrichtung des Kindle über die Einstellungen des Gerätes bis hin zu interessanten Zusatzfunktionen. Er beschreibt u.a. detailliert, wie Sie das Gerät mit einem WLAN-Netzwerk verbinden, wie die drei Ebenen „Home“, „Buch“ und „Menü“ aufgebaut sind und wie die Bestellung von Büchern und Zeitungen in Amazons Kindle-Shop funktioniert.

Und der Kindle bietet noch viel mehr Möglichkeiten: Sie können damit auch ganz legal auf zahlreiche kostenlose Bücher im Netz zugreifen, Ihre eigenen Dokumente auf das Gerät spielen, um sie immer dabei zu haben, und Ihre Bibliothek in Sammlungen sortieren. Der Autor zeigt Ihnen, wie Sie den Kindle sogar als Reiseführer nutzen können und sich mit verschiedenen RSS-Programmen täglich Ihre News-Abos auf den Kindle laden.

Ein Kapitel zum Nachschlagen mit schnellen Antworten auf häufige Fragen rundet dieses Handbuch ab.

Probekapitel und Infos erhalten Sie unter:
www.mitp.de/7580

ISBN 978-3-8266-7580-5

David Sibbet

Visuelle Meetings

Meetings und Teamarbeit durch Zeichnungen, Collagen und Ideen-Mapping produktiver gestalten

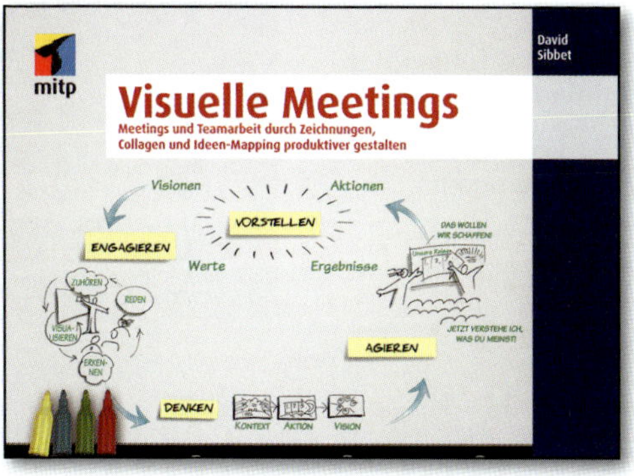

Würden Sie gerne bessere Meetings leiten, die nicht nur produktiv sind, sondern auch noch Spaß machen?

Auch wenn viele Menschen Meetings für ein notwendiges Übel halten und diese ihren schlechten Ruf oft sogar verdienen, können Sie stattdessen effektive Meetings durchführen – und sogar mit außergewöhnlichen Ergebnissen. Dafür gibt es sehr einfache und wirkungsvolle Tools und Techniken. In diesem Buch bringt David Sibbet Ihnen hierfür Vorgehensweisen nahe, die auf Visualisierung beruhen und Ihre Meetings wesentlich verbessern werden.

Visuelles Arbeiten führt zu besseren Ideen, effektiveren Entscheidungen und mehr Engagement und Einsatz der Beteiligten, um produktive Ergebnisse zu erzielen. Als moderner Leitfaden zu den neuesten Techniken des visuellen Denkens in Gruppen und Teams bietet dieses Buch eine Fülle an Tools und Tricks, die Kreativität, Zusammenarbeit und neuartiges Denken fördern.

- Grafisches Aufzeichnen, visuelle Planung, Storyboarding, Ideen-Mappingund ähnliche Techniken
- Bessere Präsentationen ohne PowerPoint
- Beraten und Verkaufen mit Grafiken und Visualisierungstools
- Mehr als Papier und Whiteboards: Tablet-PCs, iPads und andere neue Medienplattformen
- Interessantere und produktivere Meetings
- Bessere persönliche und virtuelle Meetings
- Und vieles mehr ...

Probekapitel und Infos erhalten Sie unter:
www.mitp.de/9107

ISBN 978-3-8266-9107-2

Jessica Livingston

Founders at Work

Die Anfänge erfolgreicher IT-Startups
33 Pioniere im Gespräch

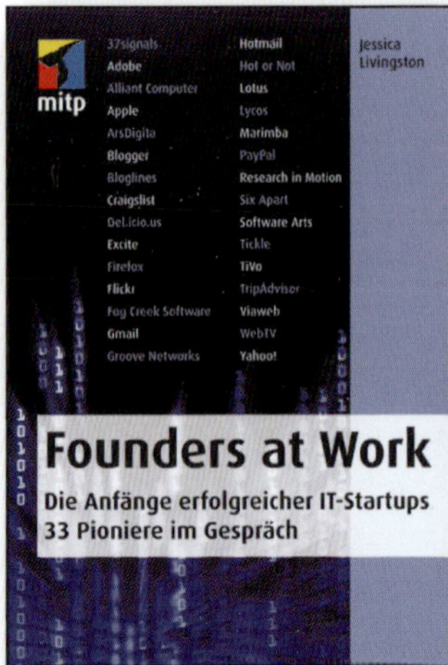

- **33 Interviews mit erfolgreichen IT-Startup-Gründern**
- **Erfahrungsberichte aus der Entstehungsphase namhafter Unternehmen**
- **Einstiegstipps für künftige Unternehmer**

Die meisten Startups basieren auf scheinbar verrückten Ideen. Doch in manchen Fällen entsteht daraus tatsächlich ein großes, erfolgreiches Unternehmen. Entscheidend ist hierbei oft das erste Jahr. Wer es nicht selbst durchlebt hat, wird überrascht sein, welche Unwegsamkeiten sich in dieser Frühphase eines Startups ergeben können.

Durch diese einzigartige Sammlung von Interviews, die 2008 mit erfolgreichen Unternehmensgründern geführt wurden, erfährt der Leser aus erster Hand, was sich hinter den Kulissen dieser Welt abspielt: Was hätte man besser früher wissen sollen? Welche Rolle spielt der Faktor Glück? Wann hätten die Akteure die Brocken am liebsten hingeworfen und warum haben sie es letztendlich doch nicht getan? Welche Ratschläge können sie anderen potenziellen Firmengründern geben?

Wenn Sie selber ein Startup gründen oder für eines tätig werden möchten, gewährt Ihnen dieses Buch wertvolle Einblicke in Unternehmen, die sich bereits erfolgreich etabliert haben. Die hier dargestellten Schilderungen von Begebenheiten, die sich insbesondere in den Anfängen dieser Unternehmen zugetragen haben, vermitteln dem an der Existenzgründung und am Geschäftsleben allgemein interessierten Leser darüber hinaus Erkenntnisse, die zweifellos auch zur Verbesserung der Produktivität im eigenen Berufsleben beitragen können.

Probekapitel und Infos erhalten Sie unter:
www.mitp.de/9109

ISBN 978-3-8266-9109-6

Steven Levy

Google Inside

Wie Google denkt, arbeitet und unser Leben verändert

Nur wenige Unternehmen waren jemals derart erfolgreich wie Google – das Unternehmen, das das Internet verändert hat und zu einem unentbehrlichen Teil unseres Lebens geworden ist. Der erfahrene Technikredakteur Steven Levy erhielt beispiellose Einblicke in das Unternehmen und begleitet den Leser in die Google-Zentrale, um ihm zu zeigen, wie Google arbeitet.

Noch während ihres Studiums in Stanford gelang es den beiden Google-Gründern Larry Page und Sergey Brin, die Internet-Suche zu revolutionieren und daraufhin Milliarden mit Internet-Werbung zu verdienen. Dank dieses Goldesels konnte das Unternehmen enorm expandieren und weitere Projekte wie effizientere Datenzentren, Open-Source-Mobiltelefone, kostenlose Internet-Videos (YouTube), Cloud Computing und die Digitalisierung von Büchern in Angriff nehmen.

Der Schlüssel zu Googles Erfolg in all diesen Bereichen ist, wie Levy enthüllt, ihr technischer Ansatz und ihre Orientierung an Internet-Werten wie Geschwindigkeit, Offenheit, Experimentierfreudigkeit und Risikobereitschaft.

Aber hat Google vielleicht seinen innovativen Schwung verloren? In China ist es böse gescheitert. Levy enthüllt, wie Brin und Co. hinsichtlich der China-Strategie uneins waren und wie Google im Bereich der sozialen Netzwerke nun erstmals erfolgreichen Konkurrenten hinterherhetzt. Kann sich das Unternehmen mit seinem berühmten Motto, nicht böse sein zu wollen, weiterhin im Wettbewerb behaupten?

Kein anderes Buch enthüllte jemals derart viele Google-Interna wie Levys Google Inside.

Probekapitel und Infos erhältst du unter: **www.mitp.de/9243**

ISBN 978-3-8266-9243-7